HENRI DUBÉCHOT

ENFERS PSYCHIQUES

ET ENFERS SOCIAUX

L'EXPLICATION

NANCY

IMPRIMERIE BERGER-LEVRAULT

18, RUE DES GLACIS, 18

—

1914

ENFERS PSYCHIQUES

ET

ENFERS SOCIAUX

Henri DUBÉCHOT

———

ENFERS PSYCHIQUES

ET ENFERS SOCIAUX

———

L'EXPLICATION

———

NANCY

IMPRIMERIE BERGER-LEVRAULT

18, RUE DES GLACIS, 18

—

1914

ERRATA

Page 23. — La série de citations commençant par « Le Messie rendra... » comporterait cette indication initiale : *Enseignements du Talmud.*

Page 75. — A la quatrième citation (Cycle chrétien), lire *Joseph,* au lieu de *Jacob.*

AVERTISSEMENT

Cet écrit est en quelque sorte impersonnel, malgré le nom d'auteur dont il est étiqueté ; il est impersonnel comme le douloureux « Pourquoi ? » où se résument les cris d'angoisse de l'humanité parvenue au terme de l'un de ses cycles de gestation. Lorsque les temps sont venus, la réponse à ce « Pourquoi ? » jaillit pour ainsi dire d'elle-même, comme les « eaux vives » de l'Écriture, du « puits » creusé par l'effort de la vie collective assoiffée de vérité. Cette réponse, qui s'adresse à la fois aux deux éternels antagonistes, est la réponse d'un interprète commun où l'un et l'autre se reconnaissent distinctement et trouvent leur synthèse dans la trinité de la Connaissance. Cette vérité ne saurait jaillir que des profondeurs de

ENFERS

la Langue originelle, de la langue merveilleuse et parfaite « où la signification du mot *tire sa raison nécessaire et suffisante de l'association des* signes *mystérieux dont il est composé* ». Cette « *explication* » ne peut être fournie que par les arcanes de la Parole d'alliance, dont les enseignements secrets assurent tour à tour la prépondérance du Jour et de la Nuit, de l'Évolution et de l'Involution.

C'est le Livre des symboles *qui, dans sa révélation immanente, enseigne aux fils de l'Esprit le secret de leur genèse et la condition de leur développement,* la Loi biologique de la régénération à laquelle les dieux et les hommes sont assujettis. C'est lui qui leur explique le sens de leur « descente en Égypte », dans la pénible et astucieuse discipline de la Science-Matrice et de la Nature-Mère, dans le décevant et sombre séjour qui devient finalement la « fournaise de fer », un lieu d'effroyable *servitude où la puissance négative, la reine des régions inférieures (infera), personnifiée et agissante dans l'invisible comme dans le visible, est investie à son heure, et jusqu'aux déchirements de l'Exode et de la nouvelle naissance, de la direction occulte de la Vie externe universelle.*

H. D.

Enfers psychiques et Enfers sociaux

L'EXPLICATION

... Vous connaîtrez la Vérité, et la Vérité vous rendra libres (Jean, 8).

La continuité (la synthèse) dans la science de l'Ame suprême, et la vue des choses qui appartiennent à la connaissance de la Vérité, c'est ce qu'on appelle la Science. La science étroite, sans principe, attachée à une seule chose comme si elle était tout, est appelée une science de ténèbres.
(Krishnaïsme : Bhagavad-Gita.)

NOTA. — La série des signes graphiques de la langue sacrée subsistant, à peine altérée, dans les langues actuelles de l'Europe, est facile à transcrire, notamment en caractères français. Voici la transcription adoptée, — dans les quelques mots tirés du texte hébreu, — sur les points où la concordance alphabétique se trouve rompue :

ו wav, est représenté par o (de préférence à w).

ח η grec, est représenté par ħ (h barré).

ע aïn, est représenté par y (pour similitude de forme).

TABLEAU D'ENSEMBLE

VALEUR numérique				VALEUR numérique			
1	א	transcrit par	a	30	ל	transcrit par	l
2	ב	—	b	40	מ	—	m
3	ג	—	g	50	נ	—	n
4	ד	—	d	60	ס	—	s
5	ה	—	h	70	ע	—	y
6	ו	—	o	80	פ	—	ph
7	ז	—	z	90	צ	—	tz
8	ח	—	ħ	100	ק	—	q
9	ט	—	t	200	ר	—	r
10	י	—	i	300	ש	—	sh
20	כ	—	o	400	ת	—	th

« C'est de ces 22 lettres que sont sortis les alphabets, en apparence si différents, qui ont couvert le monde. Ce fait, connu depuis assez longtemps d'une façon générale, est aujourd'hui rigoureusement démontré. — On peut enfin l'établir avec certitude — même pour l'écriture indienne, qui a donné naissance au *dévanagari* (langue des dévas), et à tous les alphabets de l'Asie méridionale. »

(*Histoire de l'Écriture*, par Philippe BERGER. Imprimerie nationale, 1892.)

L'EXPLICATION

Une affaire de meurtre rituel ayant récemment occupé l'attention des lecteurs de journaux, les esprits curieux de se renseigner sur le rite lui-même trouveront, dans l'ouvrage indiqué ci-après, d'intéressantes citations empruntées au Talmud, et qui infirment les déclarations formulées par les rabbins qui se sont faits, à cette occasion, les défenseurs d'office de leur coreligionnaire :

Judaïsme, par Ed. JOUKOWSKY.
(Traduit du polonais. Paris, E. Dentu, 1886).

Dans un ordre d'idées plus général, le rite du sang a d'ailleurs fait l'objet d'études assez nombreuses, dont quelques-unes suffisent à faire entrevoir le sens profond de ces actes magiques qui sont basés, comme toutes les opérations analogues, sur l'emploi inverti des correspondances, ou, en d'autres termes, sur l'application, dans le sens du culte naturaliste, des enseignements de la science sacrée.

Mais il est un autre rite, dont le précédent n'est qu'une dépendance, qui mérite au plus haut point de solliciter l'attention des penseurs ; les événements qui s'approchent vont en manifester, plus énergiquement que jamais, la signification dans les leçons de choses du monde extérieur, et montrer l'intime solidarité des trois plans naturel, psychique et divin, dans l'unité de leur fonctionnement organique.

Tant que le sens de ces événements n'aura pas été entendu comme l'expression même des lois d'une biologie universelle, ayant sa « correspondance » et sa représentation figurée dans le visible, les phénomènes angoissants de la phase actuelle resteront énigmatiques. Cette connaissance, à la vérité, ne changera rien au processus de ces phénomènes, mais il n'est pas donné à tous les esprits de demeurer indifférents sur le point de savoir pourquoi et dans quelles conditions ils doivent s'accomplir.

C'est le rite, d'ordre universel, en vertu duquel la race préposée à la garde assidue de la Parole d'alliance (1), la race providentiellement constituée pour n'adorer qu'un seul Dieu (2), — un seul des **alhim**, — et dont les activités convergent ainsi vers un but unique, organise méthodiquement et légitimement les enfers terrestres, et tend ainsi à réaliser, dans l'unité parfaite des bazars sociaux dont elle est déjà, et dont elle sera de plus en plus la directrice, l'image invertie et cristallisée de l'Ordre spirituel (3).

Or, la raison nécessaire et suffisante du « Grand-Œuvre », auquel elle préside par la seule continuité de son action pneumatique et centralisatrice, ne doit pas être cherchée ailleurs que dans les arcanes, dans les profondeurs du texte même de la Langue sacrée (4), de la Loi d'éternité « écrite des deux côtés de l'ouvrage de Dieu, de l'un et de l'autre côté des Tables », c'est-à-dire à l'endroit et à l'envers, au sens interne et au sens externe, pour recevoir son impartial et parfait accomplissement sur le plan naturel et sur le plan spirituel, et infuser ainsi, dans l'intime des générations, la Connaissance proprement dite, la science géminée du Bien et du Mal (5).

Cet aspect partiel, mais considérable, de la vie des cycles psychiques, ou de la régénération de l'esprit de l'homme, est spécialement décrit, au sens interne, dans le récit de l'Exode, où il suffit d'une pensée réfléchie pour l'interpréter dans ses grandes lignes, à l'aide d'une simple traduction en langue profane (6).

Il est seulement nécessaire de ne pas perdre de vue que les personnages, individuels ou collectifs, du grand drame biblique, correspondent à des entités immanentes et à des idées éternelles, et que la structure graphique de leurs noms caractérise expressément, en langue originelle, la fonction organique correspondante.

Les Hébreux, par exemple (**ybrim** = passagers, ceux qui doivent traverser), sont de tous les temps, de même que la « terre d'Égypte » (7) (**mtzrim** = virtualité matricielle, constrictive et formatrice), où ils doivent *descendre* (**ird**) (8), lorsque la *famine* (épuisement des forces ascensionnelles d'un cycle parvenu à son zénith) commence à sévir au pays de leur père.

Ce séjour au royaume de la Mère rénovatrice et de la science naturelle (5), où leurs ancêtres sont descendus avant eux, où des horizons à conquérir s'offrent incessamment à leurs activités vitales, leur paraîtra longtemps habitable, bien qu'ils n'y soient descendus que sous l'aiguillon de la faim ; ils y régneront même indirectement par l'esprit de leur frère Joseph (9) (**iosph** = accumulation, thésaurisation) qu'ils avaient vendu au prince de ce monde, dont il est devenu premier ministre, et qui leur a préparé des vivres et une installation. Ils n'y seront pas seuls et leur père les y rejoindra (10) jusqu'au temps de l'épreuve décisive où son esprit, comme

celui de leur frère, semblera les avoir abandonnés (11).

A l'approche du terme de l'instruction, de
la gestation, cette Égypte, que des voix dé-
cevantes continuent à acclamer, devient de
jour en jour la « fournaise de fer » (12) qui
dévore leur chair et leur sang, la chair et le
sang de leur fils et de leurs filles jetés au
brasier (12 *bis*), la vallée des pleurs et des
grincements de dents, un lieu d'esclavage
sous l'oppression d'un travail tyrannique, qui
semble n'avoir d'autre but que d'alourdir
leurs chaînes et de consolider leurs liens, et
qui revêt l'apparence d'une inexorable malé-
diction (13).

Cependant le roi de ce monde, Pharaon
(**phryh** = esprit du Naturel **ry**), s'inquiète
en constatant chez les **ybrim** la multiplicité
des *fils* (**bn** = virtualité dominatrice, correspondant au Père) qui leur naissent. Il
s'efforce de mettre obstacle à ce développement des *fils,* et donne l'ordre de les jeter au
fleuve, au courant qui emporte toutes choses
dans l'abîme des régénérations futures, pour

ne conserver que les *filles* (**bth** = virtualité intellectuelle instrumentale, correspondant à la Mère).

Alors apparaît l'interprète des desseins providentiels, Moïse (**mshh** = échappé à la vastation **shoh**), formé à l'intelligence des internes de la science sacrée, et appelé à faire *monter* (**ylh**) ses frères au pays de leur père (14). A Moïse « qui n'a pas la parole facile » sera adjoint son *frère* Aaron (**ahrn** = en puissance d'enfantement), qui sera son interprète auprès de **phryh** pour obtenir la mise en liberté des **ybrim**.

Mais, malgré les prodiges qui accompagnent la mission de **mshh**, et dont l'influence est d'ailleurs contre-balancée par les prestiges des prêtres de la Mère (15), **phryh** refuse de laisser aller les **ybrim**, qui restent enchaînés à l'âge de fer par la résistance du Naturel. Leur maturité n'est pas encore parfaite. L'aversion que leur inspire leur état actuel n'est pas encore prépondérante (16). Le « Fils de l'homme », avant de naître, doit avoir consacré toutes ses anciennes ressources vitales (16 *bis*) à l'acquisition des qualités spéciales qu'il tiendra de sa mère, à la création des *vaisseaux neufs* destinés à recevoir le *vin nouveau*. Ici également, *une seule chose est nécessaire*. Avant d'être en état d'appliquer cette parole : « Soyez parfaits comme votre Père est parfait », ils doivent réaliser celle-ci : « Soyez parfaits comme votre Mère est parfaite (cnyn). » La Mère est le reflet inverti du Père. Qu'ils apprennent à travailler !

C'est ce que **phryh,** dans un redoublement de dureté, exprime en les qualifiant de paresseux (**nrphim, nrphim**) (17), qui dissimulent leur mollesse sous le prétexte « d'aller adorer leur Dieu ». Pas de pitié pour leur propension à un état hybride, à un chimérique état de conciliation qu'ils ont cherché de tout temps, et qui serait le croupissement de leurs activités tiraillées en tous sens par les **alhim** divergents, par les multiples idoles qu'ils encensent et qu'ils appellent leur Dieu unique.

Ce Dieu des **ybrim, phryh** ne le connaît

pas. Le Dieu de **phryh** est un Dieu dont les fils sont orientés dans une direction unique, dont ils ne se détournent ni *à droite*, ni *à gauche*. La fonction organique de la Mère est entièrement distincte de celle du Père, et, jusqu'à la naissance du Fils, s'exerce selon sa loi propre et dans l'indépendance absolue de son « grand-œuvre ». Elle est virtuellement veuve (18). Les alliages de toute sorte, dont elle fait sa nourriture et qui lui appartiennent de droit, doivent coopérer malgré eux à leur propre régénération, sous l'empire de la séduction combinée avec les embûches et la violence. Elle aussi applique cette parole : « J'attirerai tout à moi. » Après la naissance du Fils, après la reconstitution de l'Ordre tiré du Chaos, les trois ne feront qu'un. Jusque-là, pas de pacte, pas de conciliation (19). C'est le combat des êtres au sein de l'Être (20), un commerce d'énergies entre les diverses fonctions du grand organisme. Rien ne se perdra. Les résidus rentreront dans l'Alambic aux spires innombrables où s'opère la distillation, la sublimation de l'Esprit qui doit s'unir directement à l'Esprit (21).

Cette résistance du Naturel est enfin frappée dans ses dernières attaches, dans les « premiers-nés » de **phryh**, dans les productions préférées de la science naturelle, qui contribue malgré elle à l'éclosion du Fils. C'est l'exode, l'enfantement dans une effroyable crise, la fuite sans regard en arrière et par le « chemin de trois jours ». Après la formation individualiste, la convergence dans l'unité. La désintégration a produit la réintégration. La Femme, la Science-Matrice, a contribué à la réédification du temple qu'elle avait détruit ; elle a annihilé le venin du Serpent. Le grain de blé « remis en terre » a produit sa moisson. La Loi s'est accomplie en partie double, et ce n'est pas seulement en bas que l'Alchimiste a dégagé des alliages l'Or pur, le sauveur et le roi du cycle (22) ; ce n'est pas seulement dans la région nocturne que resplendira la « lumière du troisième appartement ». La « parole perdue » s'est retrouvée dans une langue d'unité (23). Les ossements d'Osiris sont venus se réassocier dans l'œuvre harmonieuse de la vie.

Les **ybrim** ne s'en vont point « à vide ». Ils emportent de **mtzrim** « des vases d'or et des vases d'argent » (24) que remplira le don du Père. Le « grand-œuvre » a doté ces enfants d'organes perfectionnés, d'armes perfectionnées qui leur serviront à reconquérir le royaume de leur Père. L'ardent essor de ces colombes sera réglé avec la science du serpent. Le rythme soutiendra l'harmonie. L'arche qui les porte sur les flots tumultueux renferme un couple de tous les êtres *vivants* (**ḥiḥ**), les germes de toutes les dualités vivantes appelées à multiplier dans l'organisme du nouveau cycle.

Le départ a lieu « au milieu de la nuit » ; la lumière est entrée virtuellement dans son règne, mais l'aube et l'aurore sont encore éloignées. Le désert est à traverser au milieu des résistances de la Nuit, devenue conservatrice, aux progrès du Jour révolutionnaire. L'enfant n'est qu'à son premier âge ; c'est encore sa mère, mais une autre mère, qu'il retrouve après sa traversée, et qui l'élèvera en dépit de ses cris et de ses rébellions ; c'est au prix de luttes incessantes, en sens

inverse de celles d'autrefois, que se dissi-
peront les dernières obscurités qui l'entourent. A travers les conflits sans trêve de
la dualité dont le germe est déjà en lui, mais
au souvenir des angoisses de la fournaise (25)
que lui rappellera le signe du serpent en
croix, il se consacrera exclusivement, à son
tour, à la réalisation d'un « grand-œuvre » ;
il assujettira à la loi d'unité les énergies
inférieures accumulées, qui deviendront servantes après avoir été si longtemps maî-
tresses (26). Après la longue période de
fatigues et de vicissitudes qui a précédé sa
sortie du Chaos, il aura conquis le repos
d'une harmonieuse et féconde activité (27)
dans la lumière divine. Il aura atteint le
Sabbat (**shbth**) (28).

DÉVELOPPEMENTS

---

1. — *La race préposée à la garde de la Parole d'alliance.*

...Tu seras une source de bénédictions ([1]). Je bénirai ceux qui te béniront, et je maudirai ceux qui te maudiront ([2]), et toutes les familles de la terre seront bénies en toi (Gen., *12*).

...Sache que ce n'est pas à cause de tes mérites, que je t'ai choisi, puisque tu es le moindre (qtn) de tous les peuples ([3]), mais parce que tu es un peuple au cou raide (Deut., *7*).

...Tu dévoreras tous les peuples que l'Éternel, ton Dieu, te livrera ; tu ne jetteras point sur eux un regard de pitié, et tu ne leur feras point grâce. Vous renverserez leurs *autels,* vous briserez leurs *statues,* vous abattrez leurs *idoles* et vous brûlerez au *feu* leurs *images taillées.* Tu domineras sur les

---

(1) Être béni (brch), c'est être appelé à la régénération, à la disposition selon l'Ordre.

(2) Cf. Gen., *4* : Si quelqu'un frappe Caïn (qin), Caïn sera vengé sept fois.

(3) Voir à la fin du développement n° 1, la série précédée de la lettre A.

nations, et elles ne domineront point sur toi. Tu
leur prêteras et tu ne leur emprunteras point
(Deut., 7). C'est vous qui posséderez leur pays, je
vous en donnerai la possession ; c'est un pays où
coulent le lait et le miel ([1]) (Lév., 20). Si vous
écoutez ma voix et si vous gardez mon alliance,
vous m'appartiendrez entre tous les peuples, car
toute la terre est à moi ; vous serez pour moi un
royaume de prêtres et une nation sainte (qdsh =
pur, exempt d'alliage) (Ex. 19).

_____

([1]) « Regarde de la demeure de ta sainteté, et bénis ton
peuple d'Israël et la terre que tu lui as donnée, comme tu
l'as juré à nos ancêtres, terre ruisselante de lait et de miel. »

(Rituel de prières journalières, hébreu-français, par
L. BLUM ; texte et traduction revus par M. le grand
rabbin WOGUE. Paris, Durlacher, 1906, p. 136).

« Je te rends grâce de ce que tu m'as exaucé et m'as été
en aide. La pierre que dédaignaient ceux qui bâtissaient est
devenue tête d'angle.

(Ibid., p. 245.)

« La France est une expression géographique... Les hommes qui sont maîtres de cette région s'appellent les Français.
Maintenant c'est nous, Juifs, qui régnons et commandons en
France, où les indigènes nous obéissent, nous servent, nous
enrichissent. Donc c'est nous les Français. Un peuple remplace un autre peuple, une race remplace une autre race.
Avec de nouveaux Français, la France continue... Quelle
bassesse de faire croire aux Français que nous sommes de
leur peuple, c'est-à-dire du peuple asservi, tandis que nous
sommes le peuple maître ! »

(A nous la France, par Isaac BLÜMCHEN ; Cracovie,
Isidor Nathan Goldlust, éditeur, 1913.)

Ils ont voulu réduire l'indigène en servitude, l'exploiter jusqu'au sang, le traiter comme un chien. En moins de cent ans, ils ont imposé à ce pays une dette de trente-cinq milliards. Ils ont maintenant les hôtels peuplés d'œuvres d'art, les châteaux, les chasses princières. Un jour, un écrivain s'est levé et a dit : Regardez leurs palais, et regardez vos ruines.

(Ed. Drumont.)

...Il est difficile de prédire quand la majorité du pays verra clair dans la question juive, et quand on prendra des mesures sérieuses contre l'ennemi qui mine le bien-être du pays. L'histoire de notre patrie (la Pologne) nous montre trop clairement combien il est dangereux et imprudent d'établir dans les États nationaux un État étranger, et de se laisser arracher l'industrie et le commerce par lequel les Juifs accumulent les capitaux, c'est-à-dire tout le produit du travail d'une nation. Le mal est d'autant plus grand que ces capitaux passent entre les mains de l'ennemi haineux, implacable, irréconciliable, le plus acharné et le plus dangereux, puisqu'il agit de concert avec son Dieu, et qu'il unit contre nous toutes ses forces matérielles et spirituelles.

(Ed. Joukowsky, *Judaïsme*) [Trad. du polonais, E. Dentu, 1886.]

...La loi doit entrer partout où la ruine menace

le bien-être. L'État ne peut pas souffrir paisiblement
que des tribus étrangères ravagent deux départe-
ments de France. Nous devons considérer les Juifs
non seulement comme une secte distincte, nous devons les traiter comme un peuple étranger. Ce serait une humiliation trop grande pour la nation
française que d'être gouvernée par la nation la plus
basse du monde. Les Juifs sont de véritables bri-
gands, les vampires de notre temps... Ce ne sont
pas les raisonnements philosophiques qui change-
ront la nature judaïque (Napoléon au Conseil
d'État, 6 et 7 avril 1806.) Napoléon avait coutume,
en parlant des Juifs, de les nommer « l'État dans
l'État ; espions qui ne s'attachent à aucun pays ».

(Ed. JOUKOWSKY, p. 240).

Les princes de la captivité de l'Orient et de l'Occident proclamèrent aux Juifs dispersés le pro-
gramme suivant :

« Juifs, vous êtes le peuple élu et aimé de Dieu ;
les autres peuples ne sont qu'une tourbe impure
que Dieu méprise. A vous seuls il a promis un sauveur ; il vous a distingués de tous les autres peuples, et, bien que dispersés parmi eux, n'oubliez
pas de ne jamais vous unir à eux, sinon vous refu-
seriez vous-mêmes la miséricorde et l'appui du
Créateur et attireriez sur vous sa terrible colère.
Dieu lui-même vous a donné une loi religieuse et
civile, à laquelle seule vous devez obéissance ; les

lois des rois de la terre sont l'œuvre des hommes et n'ont aucune signification pour vous. Vous ne leur devez obéissance qu'en apparence et pour éviter les persécutions. Par la volonté de Dieu, vous êtes destinés à cette dispersion temporaire, soumettez-vous à sa volonté sainte et attendez avec patience le moment où sa colère se changera en miséricorde. Dans l'attente de l'exécution des promesses divines, vous êtes tenus : 1° de vous lever au premier appel du Messie, de ne pas vous unir aux autres peuples, de ne prendre aucune part à leur vie politique, de ne vous attacher à aucun lieu ni à la terre ; 2° de faciliter l'œuvre du Messie, c'est-à-dire votre affranchissement de l'étranger et votre règne sur la terre ; de n'avoir aucun égard pour le bien des autres peuples, de veiller uniquement au vôtre. Dans les pays étrangers vous devez semer la discorde, propager la prodigalité et l'ivrognerie, tout en fuyant pour vous-mêmes tous ces vices. »

« Le Messie rendra aux Juifs la puissance royale ; tous les peuples leur seront soumis et tous les royaumes seront sous leur domination. » (Tr. Schabb. f. 20 ; tr. Sanh. f. 88, 2 ; 99, 1.)

« Le règne des Juifs sera précédé d'une grande guerre où périront les trois quarts des nations. » (Mojene. jesch. f. 74, 4 ; 76, 1, etc.)

« Dieu, qui a frappé l'Égypte, d'un seul doigt anéantira les fils de **iosph** (les Chrétiens), et de sa paume les fils de **ishmyl** (Ismaël ; musulmans) ;

car les premiers sont les ennemis de son peuple, et
les seconds ses propres ennemis. » (R. Elieser,
cap. 48 et alt.)

« Les Juifs seuls peuvent être considérés comme
des hommes, puisque eux seuls descendent du premier homme (¹) ; tous les autres hommes viennent
de l'esprit malin et doivent être appelés animaux. »
(Valkout Reubeni parascha, f. 10, col. 2.)

« Vous seuls, Israélites, vous êtes des hommes ;
les autres peuples ne sont pas des hommes, puisqu'ils sont nés des impuretés d'Ève (²). » (Emelcha-
melich, p. 67.)

« Ceux qui ne sont pas Juifs sont des chiens ou
des ânes. » (Tr. Berach, 25, 2.) « La maison du
gentil est un repaire d'animaux. » (Leb. tob.,
f. 46, 1.)

« Ne dépouille pas ton prochain, tel est l'ordre
de Dieu ; mais ton prochain, c'est le Juif ; les autres
ne sont rien. » (Livre Sanhédrin, p. 7, c. 59.)

« Le commandement de Dieu sur l'amour du prochain n'oblige le Juif que dans ses rapports avec les
Juifs, et non dans ses relations avec les autres peu-

---

(1) adm du sixième jour.
(2) adm du shbth, après la transgression.
Cf. saint Paul : ... « Ce qui est spirituel n'est pas le *premier*, c'est ce qui est animal ; ce qui est spirituel vient
ensuite. Le premier homme, tiré de la terre est terrestre, le
second homme est du ciel. Tel est le terrestre, tels sont aussi
les terrestres ; et tel est le céleste, tels sont aussi les célestes.

(I Cor., 15.)

ples. Les Juifs seuls doivent vivre selon les commandements de Dieu, et tout ce dont ils ont besoin doit être fourni par les autres peuples. » (Schem. Mischiel, pp. 18 et 22.)

La *Loi* (thorh) et le *Talmud* (thlmd) : « Celui qui abandonne l'enseignement oral, pour s'en tenir à la Thorah, n'aura plus de bonheur. » (Tr. Chagiga, f. 10.)

« Les paroles du Talmud sont plus agréables que celles de la Thorah. » (Tal. I. Mass. Ber. cp. 1, f. 3.)

« Les transgressions commises contre le Talmud sont plus graves que celles commises contre la Thorah. » (Tr. Sanh., f. 88, 2.)

Autorité divine des Rabbins : « L'entretien des Rabbins a la même hauteur que toute la loi. » (Mid. Mischte, f. 1.)

« Les paroles des Rabbins sont les paroles de Dieu même. » (Behai Pentat., p. 41, f. 201, c. 4.)

« La crainte du Rabbin est la crainte de Dieu, dit l'aigle de la Synagogue, Maïmonidès. » (Iod. ch. 1, Tahn. Tor. 5, 1.)

« Les saints Rabbins sur terre sont beaucoup plus sacrés que les anges du ciel. » (Sanhédrin, § 11, et Chulin, § 6.)

« Les Rabbins sont des rois. » Rabanon (mikre malke. Tal. Hittin.)

(Ed. Joukowsky, *Judaïsme*, pp. 94 et ss.)

...Alors s'acheva la dispersion du peuple juif. C'est cette dispersion, que le sénateur romain Rutilius Numantianus, écrivant peu après la prise de Rome par Alaric (410), considérait comme la source de tous les maux de l'Empire ; car chaque communauté juive abrita bientôt une communauté chrétienne naissante et marqua une étape dans la conquête du monde antique par le christianisme. « Plût au ciel, dit Rutilius, que la Judée n'eût jamais été soumise par les guerres de Pompée et les armes de Titus ! Le mal déraciné étend d'autant plus sa contagion, et la nation vaincue opprime ses vainqueurs... » Un peu plus haut, par une allusion évidente à un mot de saint Paul, il appelle le judaïsme « la racine de la folie ».

(Salomon REINACH, *Orpheus*.)

...Les derniers moments de ce peuple (les Juifs) offrent d'ailleurs à la psychologie historique un curieux sujet d'étude, par l'étrange état moral où les Juifs se trouvaient alors, sorte d'ivresse ou de folie divine que produit l'exaltation religieuse et qui fait espérer contre toute espérance. C'est un phénomène qu'on voit reparaître aux époques de fermentation religieuse, avec le même mélange, dans tous les temps, d'abominable cruauté ou de dévouements sublimes, de passion qui obscurcit la conscience ou voile la raison, et de foi ardente qui, du même homme, peut faire un bourreau ou un martyr. Et pourtant, quelque terrible que soit ce spectacle, l'âme y souffre moins qu'à se trouver en face des ignobles appétits qu'il nous a fallu montrer...

...L'esprit prophétique était l'âme de ce peuple. Très habiles à conduire leurs intérêts privés, à pousser leur fortune dans le trafic, les Juifs perdaient terre dès qu'il fallait s'élever aux idées générales. La science, qui exige une froide raison, l'art, qui suppose l'étude de la nature, le sentiment des rapports et l'harmonie des proportions, leur furent toujours étrangers.

(V. DURUY, *Histoire des Romains*. Vespasien, 69-79.)

Que nul ne s'abuse lui-même ; si quelqu'un parmi vous pense être sage selon ce siècle, qu'il devienne fou, afin de devenir sage. Car la sagesse de ce monde est une folie devant Dieu. Aussi est-il écrit : Il prend les sages dans leur ruse. Et encore : Le Seigneur connaît les pensées des sages ; il sait qu'elles sont vaines (Paul, I Cor., 3).

Moi, Paul, je vous prie, par la douceur et la bonté de Christ, moi, humble d'apparence quand je suis au milieu de vous, et plein de hardiesse à votre égard quand je suis éloigné...

...Car, dit-on, « ses lettres sont sévères et fortes ; mais présent en personne, il est faible et sa parole est méprisable ».

...Cependant, tout ce que peut oser quelqu'un,
— je parle en insensé — moi aussi, je l'ose! Sont-
ils Hébreux? Moi aussi. Sont-ils Israélites? Moi
aussi. Sont-ils de la postérité d'Abraham? Moi
aussi. Sont-ils ministres de Christ? (Je parle en
homme qui extravague.) Je le suis plus encore :
par les travaux, bien plus; par les coups, bien
plus; par les emprisonnements, bien plus. Souvent
en danger de mort, cinq fois j'ai reçu des Juifs
quarante coups moins un (¹), trois fois j'ai été
battu de verges, une fois j'ai été lapidé, trois fois
j'ai fait naufrage, j'ai passé un jour et une nuit
dans l'abîme. Fréquemment en voyage, j'ai été en
péril sur les fleuves, en péril de la part des bri-
gands, en péril de la part de ceux de ma nation,
en péril de la part des païens, en péril dans les
villes, en péril dans les déserts, en péril sur la mer,
en péril parmi les faux frères. J'ai été dans le travail et dans la peine, exposé à de nombreuses
veilles, à la faim et à la soif, à des jeûnes multi-
pliés, au froid et à la nudité... S'il faut se glorifier,
c'est de ma faiblesse que je me glorifierai! (Paul,
II Cor., 11.)

*Langage de la « raison » mitigée, à l'heure du
crépuscule.* — ...Les convaincus font partie des
forces mystérieuses qui dominent le monde. Les

---

(1) Le juge réduisait parfois à trente-neuf le nombre maxi-
mum de coups (quarante) autorisé par la loi de Moïse.

inventeurs peuvent modifier la forme extérieure
d'une civilisation ; les fanatiques, à l'intelligence
étroite, mais au caractère énergique et aux passions
puissantes, peuvent seuls fonder des religions, des
empires et soulever le monde.... Les inventeurs de
génie hâtent la marche de la civilisation. Les fanatiques et les hallucinés créent l'histoire.

...Une forte conviction est tellement irrésistible,
que, seule, une conviction égale a des chances
de lutter victorieusement contre elle. La foi n'a
d'autre ennemi sérieux à craindre que la foi. Elle
est sûre du triomphe, quand la force matérielle
qu'on lui oppose est au service de sentiments
faibles et de croyances affaiblies. Mais si elle se
trouve en face d'une foi de même intensité, la lutte
devient très vive, et le succès est alors déterminé
par des circonstances accessoires, le plus souvent
d'ordre moral, telles que l'esprit de discipline et la
meilleure organisation.

...En religion comme en politique, le succès est
toujours aux croyants, jamais aux sceptiques, et si
aujourd'hui l'avenir semble appartenir aux socialistes, malgré l'inquiétante absurdité de leurs doctrines, c'est qu'il n'y a plus qu'eux qui soient
réellement convaincus. Les classes dirigeantes mo-
dernes ont perdu la foi en toutes choses. Elles ne
croient plus à rien, pas même à la possibilité de se
défendre contre le flot menaçant des barbares qui
les entourent de toutes parts.

...Je ne sais pas si l'on pourrait citer depuis

l'origine du monde une seule civilisation, une seule institution, une seule croyance qui ait réussi à se maintenir en s'appuyant sur des principes considérés comme n'ayant qu'une valeur relative. Et si l'avenir semble appartenir à ces doctrines socialistes que condamne la raison, c'est justement parce que ce sont les seules dont les apôtres parlent au nom de vérités qu'ils proclament absolues. Les foules se tourneront toujours vers ceux qui leur parleront de vérités absolues, et dédaigneront très justement les autres.

...Le socialisme paraît être aujourd'hui le plus grave des dangers qui menacent les peuples européens. Il achèvera sans doute une décadence que bien des causes préparent, et marquera peut-être la fin des civilisations de l'Occident.

...Le socialisme sera un régime trop oppressif pour pouvoir durer. Il fera regretter l'âge de Tibère et de Caligula et ramènera cet âge. On se demande quelquefois comment les Romains du temps des empereurs supportaient si facilement les férocités furieuses de tels despotes. C'est qu'eux aussi avaient passé par les luttes sociales, les guerres civiles, les proscriptions, et y avaient perdu leur caractère. Ils en étaient arrivés à considérer ces tyrans comme leurs derniers instruments de salut. On leur passa tout, parce qu'on ne savait comment les remplacer. On ne les remplaça pas, en effet. Après eux, ce fut l'écrasement final sous le pied des barbares, la fin d'un monde.

...Pour les peuples qui s'affaissent, une des principales conditions de relèvement est l'organisation d'un service militaire très dur, et la menace permanente de guerres désastreuses.

...L'acquisition d'une âme collective solidement constituée marque pour un peuple l'apogée de sa grandeur. La dissociation de cette âme marque toujours l'heure de sa décadence. L'intervention d'éléments étrangers constitue un des plus sûrs moyens d'arriver à cette dissociation.

...Un peuple peut perdre bien des choses, subir bien des catastrophes et se relever encore. Il a tout perdu et ne se relève plus, quand il a perdu son âme... Nous sommes à une de ces périodes de l'Histoire où, pour un instant, les cieux restent vides. Par ce fait seul, le monde doit changer.

(Dr G. Lebon.)

A. Cf. E. Renan : « Mille ans et pas un grand homme !.. On comprend maintenant comment cette race, si éminemment douée pour créer les religions et les propager, devait, dans toutes les voies profanes, ne pas dépasser la médiocrité. »

Ce qu'il faut comprendre, c'est qu'*elle* tient, de de la Justice parfaite dont *elle* est le témoignage et l'instrument, des compensations parfaites ; c'est que son infimité même, sa faiblesse même, est sa véritable puissance, représentant à son *heure* la Toute-Puissance incarnée dans l'infime : c'est qu'en substituant à l'ordre ascendant $\pm$ son ordre à *elle* $\mp$, elle est la sanction et la consécration du premier; c'est que sa passivité, incessamment en effort de dissolution de son antagoniste et en apparence stérile, aboutit directement ou indirectement à l'enfantement d'un Cycle. C'est qu'enfin la Nuit rénovatrice constitue à sa manière la glorification du Jour.

...Écoute maintenant ceci, séductrice, qui t'assieds en assurance, et qui dis en ton cœur : Moi et rien que moi ! Je ne serai jamais veuve et je ne serai jamais privée d'enfants ! Ces deux choses t'arriveront subitement, au même jour, la privation d'enfants et le veuvage... Tu avais confiance dans ta méchanceté; tu disais : Personne ne me voit ! Ta sagesse et ta science t'ont séduite.

(Isaïe, 47.)

L'Esprit des profondeurs est impérissable. C'est lui qu'on appelle la mère productrice originaire. La porte de cette mère productrice est ce qu'on appelle la *racine* du *ciel* (positivité) et de la *terre* (négativité).

(Sagesse de la Chine.)

Où est ici la faute de cette *femme* qui n'a fait que suivre son naturel ? Mais malheur sur moi, qui, méconnaissant mon véritable but, n'ai pas su dompter mes sens ! Quel *homme* a jamais connu la nature des *femmes ?* (le mystère de leur impulsion, qu'elles ignorent elles-mêmes).

(Sagesse de l'Inde.)

Qu'on sache que la *Vérité* est la fleur et le fruit de l'*arbre de l'âme,* tant qu'il *vit.* Si l'arbre ne *vit* pas, il n'y a ni fleur ni fruit ; or, le *Mensonge* en est la *racine.*

(Sagesse de l'Inde.)

...Il saisit le Dragon, le Serpent ancien, qui est le Diable et Satan (**shtn**), et il le lia pour mille ans... afin qu'il ne séduisît plus les nations jusqu'à ce que les mille ans fussent accomplis... Ils seront prêtres de Dieu et du Christ, et ils régneront avec lui pendant mille ans. Quand les mille ans seront accomplis, Satan sera relâché de sa prison. Et il sortira pour séduire les nations.

(Apoc., 20.)

...Tu fais rentrer les hommes dans la poussière, et tu dis : Fils de l'homme, retournez ! Car mille ans sont, à tes yeux, comme le jour d'hier, quand il n'est plus, et comme une veille de la nuit.

(Ps., 90.)

Un *champ* que l'on a *ensemencé* plusieurs fois finit par s'épuiser de lui-même, il devient incapable de produire, et la *graine* qu'on y *sème* ne *germe* plus. C'est le contraire du *feu*, que l'on n'éteint pas avec du *beurre* versé goutte à goutte.

(Sagesse de l'Inde.)

Dieu a choisi les choses folles selon le monde pour confondre les sages ; Dieu a choisi les choses faibles du monde pour confondre les fortes ; et Dieu a choisi les choses viles du monde et celles qu'on méprise, celles qui ne sont rien, pour réduire au néant celles qui sont, afin que nulle chair ne se glorifie devant Dieu.

(I Corinth., 1.)

———

2. — *La race constituée pour n'adorer qu'un seul Dieu.*

— Sur cet arcane primordial, se rappeler d'abord ces paroles de Jésus : « Vous ne savez pas *de quel esprit* vous êtes animés. — Que votre âme ne se *partage* pas. — Tout royaume *divisé contre lui-même* périt. — Nul ne peut servir *deux maîtres.* Lorsqu'ils vous persécuteront, ils croiront être agréables à Dieu. »

— Il est enseigné que l'homme, **adm**, est formé le sixième jour, non par **ihoh**, mais par les **alhim**, à leur image et à leur ressemblance, dans l'état

implicite de dualité sexualisée (**zcr** et **nqbh**).
Après le sixième jour, cette dualité s'affirme
davantage dans la discrimination de la virtualité
passive et instrumentale **ashh**, tirée de **adm**. Elle
devient effective longue **adm** rompt l'alliance et se
détourne vers son propre volontaire, lequel revêt
alors un rôle actif sous la figure de **hoh** (Ève). La
dualité ne cessera plus désormais d'apparaître,
sous de multiples aspects, et à chaque ligne de
l'enseignement sacré, de même qu'elle se révèle,
dans les phénomènes sans nombre du monde sensible, comme le secret initial du mécanisme de
toutes choses, la clef de la dynamique de la vie
universelle.

— **adm** est dès lors devenu semblable, non plus
seulement aux **albim**, mais aux trois puissances de
l'unité .∴. « Et ils dirent, **ihoh alhim** : Voici,
adm est devenu comme l'un de nous pour la
connaissance du bien et du mal ([1]). »

ihoh est Dieu en essence ; il est le Dieu miséricordieux qui se réserve la justice ; **alhim** ([2]) est
Dieu n puissance d'acte, la dualité en évolution
dans les êtres individuels et les cycles collectifs ([3]).

([1]) Jusque-là, **adm** était resté « à l'image et à la ressemblance de **ihoh alhim** » mais sans la *connaissance*.

([2]) Pluriel de **alh**, arabe Allah. — **alh** et **alh**, le sacré et
l'exécrable, et réciproquement.

([3]) Tout ce que nous faisons, ô Éternel, c'est toi qui l'accomplis par nous (Isaïe, 26).

C'est **ihoh**, et non **alhim**, qui se choisit un peuple
appelé à représenter, dans les figurations du
monde sensible, la Loi d'unité, l'axe régulateur
dont ce peuple ne devra s'écarter « ni à *droite*,
ni à *gauche* ». Ainsi que **ihoh** lui-même, qui
demeure, en juge impartial, au-dessus du conflit
vital des **alhim,** le peuple appelé à le représenter,
dans son action directrice n'appartiendra à aucun
de leurs camps. Il ne sera pas évolutif. Le Code
mystérieux des lois immanentes qui régissent le
ciel et la terre et en assurent la solidarité, le saint
des saints doit être conservé pur et sans alliage.
Il le sera par une race invariable elle-même dans
son but, dans l'action organique qu'elle doit exercer sur les nations évolutives, dont les cycles s'ac-
complissent sous l'influence conjuguée des deux
alhim, du Naturel et du Spirituel, de la terre et du
ciel.

Église représentative centrale, cette race sera
circoncise; tout autour de sa mentalité seront
coupés les liens qui la rattacheraient à l'ambiance
des nations (**goïm**); elle n'adoptera pas leurs lois
et leurs doctrines faites d'alliage; elle les régé-
nérera, au contraire, dans ses lois et ses doctrines
exemptes d'alliage. Ainsi elle restera spécifique-
ment pure (**qdsh**, transcrit **kadosch**).

D'elle sortira, par le Christ, la manifestation de
la Loi d'unité réalisée au sens interne ou spirituel.
Elle s'en tiendra volontairement au sens littéral,

qu'elle sait ineffaçable (¹), et tuera le Fils comme elle a tué les prophètes qui ont précédé son avènement. Elle n'en conservera pas moins, mais dans la région psychique du Naturel où elle a été reléguée, où toute communication lui est fermée avec le sens spirituel qu'elle profanerait (²), sa qualité de peuple prêtre accomplissant désormais le rite éternel de la Nuit servante et rénovatrice.

---

(1) « Les tables de la Loi (ḥḥ) étaient écrites *des deux côtés de l'ouvrage de Dieu, de l'un et de l'autre côté.* »

(Gen., 32.)

(2) *Jésus :* Tout péché et tout blasphème sera remis aux hommes, mais le blasphème contre l'Esprit ne sera remis ni dans ce cycle, ni dans celui qui vient.

Je suis venu exercer un jugement, pour que ceux qui ne voient point voient, et pour que ceux qui voient deviennent aveugles.

Les Pharisiens lui dirent : Sommes-nous donc aveugles, nous aussi ? — Jésus leur répondit : Si vous étiez aveugles, vous n'auriez pas de péché. Mais maintenant vous dites : Nous voyons ; c'est pour cela que votre péché subsiste.

Malheur à vous, docteurs de la Loi, parce que vous avez enlevé la clef de la science ; vous n'êtes pas entrés vous-mêmes, et vous avez empêché d'entrer ceux qui le voulaient. Le royaume de Dieu vous sera enlevé et sera donné à une nation qui en portera les fruits.

Votre maison sera laissée déserte, car je vous le dis : Vous ne me verrez plus, jusqu'à ce que vous disiez : Béni soit celui qui vient au nom du Seigneur !

Serpents, race de vipères, vous avez pour père le diable, et vous voulez accomplir les désirs de votre père. Lorsqu'il profère le mensonge, il parle de son propre fond, car il est le mensonge et père du mensonge (Évangiles).

Elle n'aura qu'un seul Dieu, un seul centre d'attraction et une seule patrie ; elle n'aura d'autre loi que le Naturel, l'externe de la Loi ; son royaume sera ce monde, et ce monde tout entier.

Les cycles successifs issus des révélations partielles de la Loi sont la résultante du conflit des **alhim**. Ils sont présentés sous la figure de deux éternels frères rivaux. Cette figure est plus particulièrement dessinée dans les deux jumeaux Esaü et Jacob (**ysho** et **iyqb**) auxquels s'applique cet enseignement adressé à la mère : « Deux nations sont dans ton ventre... Un de ces peuples sera plus fort que l'autre, et le plus *grand* sera assujetti au plus *petit*. » Le plus grand ou l'aîné, qui est l' « héritier », est le Naturel, c'est-à-dire **adm** du sixième jour, virtuellement différent de **adm** du Sabbat qui reçoit l'influx divin. C'est le « premier-né » qui sera assujetti au plus jeune, au Spirituel. Jacob est béni par le père, et non Esaü ; et cependant cette bénédiction s'adressait, dans la pensée du père, à l' « héritier », à Esaü, au Naturel dont il est dit : « Je me suis réservé les premiers-nés... Tu me consacreras tes premiers-nés. » Le Naturel est béni par l'interposition du Spirituel.

A la consommation d'un cycle, les deux éléments de la dualité viennent se conjoindre et s'unifier dans le cycle suivant, qui est leur explication commune et ainsi leur conciliation. L'unité est alors reconstituée dans le trine .*. représentant l'ensemble organique des trois cieux, ou des trois centres de l'être à tous ses degrés.

Il en est de même dans l'ordre successif des cycles :

Les cycles Abel et Caïn aboutissent à celui de Seth (**hbl, qin, shth**).

Les cycles Sem et Cham aboutissent à celui de Japhet (**shm, hm, iphth**).

Les cycles Esaü et Jacob aboutissent à celui d'Israël (**ysho, iyqb, ishral**).

Le premier cycle du trine est celui de la *Parole externe* ou du Divin naturel ; le second est celui de la *Parole interne* manifestée, ou du Fils de Dieu ; le troisième est celui de la *Connaissance géminée du Bien et du Mal ;* il est le Fils des deux premiers.

Les évolutions de l'Inde offrent ces caractères dans les trois derniers cycles connus, ceux de Brahma (Manou), Krishna et Bouddha.

Le prochain cycle, qui fera suite à ceux d'Israël et du Christ, correspondra à celui du Bouddha.

––––––––

3. — *L'image invertie de l'ordre spirituel.*

La loi de ce phénomène ([1]) doit être intimement rattachée à celle du conflit de la Dualité, pour l'intelligence de l'arcane d'où elle est tirée.

––––––––

([1]) **phnim**, les *faces*, les manifestations et illustrations, internes ou externes ; **phnim ihoh**, les faces de Dieu.

L'enseignement contenu dans cette parole : « Tu n'aimeras qu'un seul Dieu » (¹) est d'ordre immanent, et s'applique à toutes les fonctions organiques, dont les diverses activités gravitent vers un même centre directeur qui doit réaliser cette loi à son tour.

Mais en vertu de la constitution même des choses, cette loi n'est réalisée en fait, à travers les conflits de la dualité, que sous la forme d'alternatives et d'oscillations, qui sont la caractéristique de tout mouvement d'énergies dans une direction donnée. La révélation partielle, libératrice et créatrice, d'où un cycle est issu, et qui correspond à son degré de développement psychique, implique nécessairement, dès l'origine, la rotation des énergies de la dualité autour du double foyer de connaissance qui la sollicite (²).

---

(1) L'être s'aime lui-même dans l'objet de ses amours, quel que soit le lieu d'élection du Moi à l'appel de ses centres internes, où il demeure à tour de rôle dans l'être partagé. A l'absolu des polarités active .⦁. ou passive ⦁.⦁ chacune d'elles s'unit à son bien suprême, à sa patrie unique, en abjurant les sollicitations de la polarité contraire. Dans l'ordre spirituel, l'âme s'unit alors à sa source même, au Dieu vivant et miséricordieux, en s'inspirant de l'enseignement de la croix. Dans l'ordre inverse, le Naturel s'unit à son bien même, en s'inspirant de l'enseignement de la Nature-Mère, vêtement de Dieu, et repoussant la puissance antagoniste. La finalité fonctionnelle de tout être est inscrite en lui, et le guide obscurément dans sa route entrecoupée par les conflits de ses divers amours.

(2) En tant qu'il s'agit des âmes individuelles, chacune

La loi de l'orientation unique et exclusive n'en demeure pas moins immanente. Or, toutes choses de l'ordre invisible, — psychique ou céleste, — doivent être représentées dans le monde sensible, c'est-à-dire dans le fonctionnement organique externe qui en est le vêtement, l'illustration et l'une des formes d'enseignement (¹). L'action constante du Dieu vivant dans l'homme spirituel, le centre d'attraction qui tend à l'évertuer au plus haut de son être, la loi de l'amour unique sont figurés, dans chaque cycle, par l'esprit de fixité de la branche aînée de ce cycle (²).

Mais comment sera représentée l'action constante qui s'exerce, en sens inverse, au plus bas de l'être

d'elles parcourt, dans le cycle collectif, le cycle particulier qui lui est propre. En bas, comme en haut, toutes sont appelées à l'amour unique de leur domaine, à l'expansion de leurs énergies dans l'union parfaite ; mais, en bas comme en haut, toutes ne sont pas, à la même heure, élues et en état de passer par la « porte étroite ».

(1) Toutes choses de la nature, de l'animalité en particulier (physionomie, geste, aliment, habitat, etc.), sont représentatives et significatives, et recouvrent ainsi un sens interne sous l'expression visible. Les rites du culte, dérivés de l'ordre céleste, sont des représentatifs de l'union du ciel et de la terre par l'aliment du *sacrifice*.

(2) L'aîné (Pierre, au cycle actuel) correspond à la Foi non séparée de l'Amour. Le plus jeune (Paul) représente la foi séparée. Les cycles latéraux ou secondaires issus de l'Église centrale, subissent des vicissitudes analogues.

partagé, que symbolise le signe *⋮*, où la force *.*. est menacée par la faiblesse *.* ([1]) ?

Par l'Église nocturne, par la race prêtresse investie de la célébration des mystères de la Nuit. C'est la « race de vipères » qui représentera le *Serpent*, « l'être le plus rusé des animaux que les **alhim** avaient créés » ([2]), l'être inquiétant qui rampe amoureusement sur le sein de sa mère, la Terre, dont il est le grand prêtre et le **phryh**. Dans sa TÊTE organisatrice ([3]) se concentrera le venin des suggestions insidieuses, des sophismes tortueux et des promesses mensongères qui ne cessent d'exercer sur le Moi ascendant *.*. la fascination de l'abîme *.*. C'est l'infime du Naturel qui régnera dans le Naturel ; c'est le Serpent, embusqué dans les fourrés de broussailles, où il rampe sur un fond solide dont rien ne le sépare, qui sera l'inspirateur de toute l'animalité qui le domine en apparence. Il sait ce qu'il y a en elle ([4]).

---

(1) L'esprit est fort, mais la chair est faible (Jésus).

(2) Gen., 3. — Cf. en outre, Lév., 11. « Vous aurez en abomination tout reptile rampant (cl hshrtz hshrtz). » Rapp. **nhsh** = serpent, divination, art des augures, et **nhshth** = airain, cuivre (parodiste de l'*or*) : le Moi insuffisamment orienté vers l'Or spirituel, vers la réalité, est menacé par l'illusion mensongère du cuivre.

(3) Déjà pourvue du secret de **shmhmphrsh**, dans son application à l'art de **cnyn**.

(4) Dans l'inverse, cf. Évang. : « Il n'avait pas besoin qu'on lui rendît témoignage d'aucun homme, car il savait par lui-même ce qu'il y a dans l'homme. »

Sa gloire sera de dire à son tour : « J'attirerai tout à moi. » Sous son regard magnétique, dirigé de bas en haut, et en dépit de l'Ennemi, tous les êtres viendront se prosterner devant son trône ; car il régnera par ses fils d'adoption, par les fils de l'Orient. Une fois de plus, la puissance de l'Éternel se sera manifestée dans la faiblesse. Il aura incarné la ᴌᴏɪ sublime, miséricordieuse et redoutable.

Entre les lois stables de son royaume, qui sont celles de **adm** du sixième jour, et les lois incohérentes des nations (**goïm**), qui n'ont d'existence pour lui que dans la mesure des contingences momentanées, s'établiront des pactes successifs, des conciliations temporaires qui jalonneront la trajectoire du cycle, des alliages instables correspondant au titre même des êtres d'alliage. Mais les lois, comme les langues des deux régions, se confondront insensiblement dans une même loi et dans une même langue d'unité qui seront l'antithèse absolue des anciennes (¹). L'exécrable

---

(1) Cf. Jean, 21. — En vérité, en vérité, je te le dis, Pierre, quand tu étais plus jeune, tu te ceignais toi-même et tu allais où tu voulais, mais quand tu seras vieux tu étendras les mains, et un autre te ceindra et te conduira où tu ne voudrais pas.

Mais cf. aussi le colloque des deux jumeaux, dans Gen., 33 : « ...Je suivrai lentement, au pas du troupeau qui me *précédera...* »

répond au sacré comme l'amour à la haine. Attraction et répulsion, dans l'universalité des choses,
sont fonction l'une de l'autre. L'orientation droite,
prudente et persévérante des énergies vitales,
quelles qu'en soient la polarité et la région, accomplit la loi de l'Ordre dans les guerres de la dualité,
dont les péripéties sont réglées d'en haut (1).

Dans l'ordre ascendant, l'être est en conjonction,
par son plan supérieur, avec l'influx divin, et il est
conjoint, dans le sens inférieur et par l'intermédiaire du plan spirituel, au plan naturel; il fournit
à celui-ci l'influx vital qui lui est nécessaire, et en
tire les aliments préalablement élaborés qu'il s'as-
simile.

Telles sont les trois grandes divisions, solidaires,
de l'organisme de l'homme psychique, constitué à
l'image de l'organisme des cieux. Ces trois divisions sont figurées, dans l'homme physique, par la
tête (ciel des cieux, renfermant le ciel intime et le
Saint des Saints), et par le tronc dont l'organisme
interne est divisé par le diaphragme (2).

___

(1) Vous ne savez pas à quel esprit vous êtes appelés (Jésus).
C'est l'Éternel qui dirige les pas de l'homme; car l'homme
pourrait-il comprendre la voie par laquelle il marche? (P. Sal.)
(2) Tout homme attentif à scruter son être intime, et
quelle que soit sa *nature*, peut discerner dans une certaine
mesure la localisation effective des trois puissances centrales
de son esprit, et sentir qu'un élan spontané et profond de
tendresse et d'amour, par exemple, émeut une région nette-

Telle est la similitude générale de l'esprit de l'homme et du monde de l'esprit. En haut, comme en bas, le globule de sang qui circule loin des centres organiques peut aspirer à se rendre digne d'être incorporé à la région où s'élabore la pensée directrice ([1]).

C'est là cette union effective du Ciel et de la Terre que tous les cycles passés ont rappelée dans leurs traditions comme un souvenir lointain de l'âge d'or que leurs pères avaient connu ; ils s'efforçaient eux-mêmes de le faire revivre dans les spectacles du visible, au fur et à mesure que leur « descente en Égypte » effaçait, dans la « confusion des langues », le sens interne de ce qui leur avait été transmis, et se mêlait au sens externe en un alliage dont les débris ont survécu sous le nom de mythologies.

...Le *Ciel* et la *Terre* sont père et mère de tous

---

ment distincte de celle où s'opère le commerce intellectuel des deux éléments de sa dualité.

La dualité constitutionnelle est d'ailleurs réalisée symétriquement aux trois plans de l'organisme. Au plan moyen, en particulier (ciel spirituel ou intermédiaire), elle est figurée dans la fonction conjuguée du Cœur et des Poumons.

([1]) « Il y a plusieurs demeures dans la maison de mon Père... Le royaume de Dieu est en vous. »

(Jésus.)

« Les choses cachées sont à l'Éternel, notre Dieu ; les choses révélées sont à nous et à nos enfants. »

(Deut., 29.)

les êtres. Unis dans leur action, ils produisent des formes achevées ; séparés, ils produisent leur renouvellement (régénération). Quand le corps (sens naturel) et l'esprit (sens spirituel) sont développés, alors le principe immatériel (centre de l'être) est propre à une transformation ; il retourne à cet état primitif où il était l'auxiliaire du Ciel.

...Toute chose dépend nécessairement de l'un de ces deux principes, négativité ou positivité ; rien n'échappe à cette loi et rien non plus n'est aussi important que la distinction des genres.

...Lever les yeux pour contempler l'ordre du *Ciel*, les baisser pour l'apprécier dans les phénomènes de la *Terre*, c'est ainsi qu'on connaîtra les causes de l'obscurité et de la clarté.

...L'Intelligence infinie et éternelle produit, meut et entretient tous les êtres. En elle et par elle sont les deux principes secondaires qui forment, par leurs combinaisons, tous les êtres particuliers. Le *Ciel* et l'élément mâle appartiennent au premier ; la *Terre* et l'élément féminin appartiennent au second ; l'homme les réunit en lui.

...Dire que le *Ciel* et la *Terre* se détruisent, c'est une erreur. Dire qu'ils ne se détruisent pas, c'est une autre erreur. La vie ne connaît pas la mort, la mort ne connaît pas la vie ; la venue ne connaît pas le départ et réciproquement.

(Chine : Taoïsme.)

...Du sein de l'Unité absolue sortent deux prin-

cipes, opposés en apparence, mais en réalité insé-
parables ; l'un, mâle ou actif, s'appelle la Sagesse
(hcmh) ; l'autre, passif ou féminin, est désigné par
un mot qu'on a coutume de traduire par celui d'intelligence (binh) (¹).

La Sagesse est aussi nommée le Père, et il est
écrit : Tu appelleras l'Intelligence ta Mère. De leur
éternelle et mystérieuse union sort un fils, qui,
selon l'expression originale, prenant à la fois les
traits de son père et ceux de sa mère, leur rend
témoignage à tous deux (²). Ce fils de la Sagesse
et de l'Intelligence, appelé, à cause de son double
héritage, le Fils aîné de Dieu, c'est la Connaissance
ou la Science (dyth). Ces trois personnes réunissent
tout ce qui a été, est et sera. Mais elles sont réunies
à leur tour dans l'Ancien des anciens, car tout est
à Lui, et Lui est tout.

(Ad. FRANCK, *La Kabbale* [qbl].)

Que la raison s'allie aussi bien avec la plus noire
méchanceté qu'avec la plus grande bonté, et prête
à l'une et à l'autre une énergie considérable par
son concours ; qu'elle soit également prête et puisse

---

(1) L'intelligence naturelle pure, la « déesse Raison » du
Serpent. Elle est l'instrumental ou la faculté analytique de
la Sagesse (plan positif ou actif : (hcmh), qui l'implique
comme adm implique ashh (Voir Développement 5).

(2) Cf. Deut., 5 : « Honore ton *père* et ta *mère*, comme
l'Éternel te l'a ordonné... »

servir aussi bien à exécuter méthodiquement et avec suite un bon et un mauvais dessein, des maximes prudentes et des maximes insensées, et que tout cela résulte de sa nature pour ainsi dire féminine, qui peut recevoir et conserver, mais non créer par elle-même, tout cela je l'ai déjà déduit...

> (Schopenhauer : *Le monde comme volonté et comme représentation.*)

L'union que l'âme contracte avec la Nature dans le but de la contempler et de s'en nourrir est comme celle de l'aveugle et du paralytique.

> (*Sagesse de l'Inde.*)

Laissez-les; ce sont des aveugles qui conduisent d'autres aveugles; ne tomberont-ils pas dans la même fosse?

> (Jésus.)

...La vie à tous ses degrés influe de l'interne dans les externes, qui sont les instruments de la vie. Les hommes et les anges n'ont pas la *vie* par eux-mêmes; ils ne sont pas des *vies*, mais seulement des récipients et des fonctions de la *vie* qui procède du Seigneur.

...Tous les anges du Ciel et tous les hommes de la Terre, qui constituent l'Église, sont comme un seul Homme, et le Seigneur est la vie de cet Homme. L'entendement saisit ainsi que le Sei gneur est le tout, et dans toutes les choses les plus particulières du Ciel et de l'Église, que nous sommes dans le Seigneur et Lui en nous.

Chez ceux qui sont hors du Ciel et hors de l'Église, le Seigneur est présent aussi, et il connaît leur état d'après la faculté intellectuelle que possède chaque homme.

...Il n'existe point d'esprits ni d'anges qui ne proviennent du genre humain. L'âme qui vit après la mort est l'esprit de l'homme, qui, dans l'homme, est l'homme lui-même, et apparaît ainsi dans l'autre vie en parfaite forme humaine.

L'*infime* est le plus externe, le dernier terme dans chaque plan, où il implique toute la série. L'infime est plus saint (**qdsh**) que les intérieurs (plan médian), et contient la force et la puissance par lesquelles le Seigneur gouverne toutes choses (¹). Cf. dans Jean, 13, le rite de la purification de l'être dont les internes sont déjà purifiés : *A Pierre :* « Si je ne te *lave* pas les *pieds,* tu n'auras pas de part avec moi. » *Simon-Pierre :* « Seigneur, non seulement les *pieds,* mais encore les *mains* et la *tête.* » *Jésus :* « Celui qui est *lavé* n'a besoin que de *laver* ses *pieds,* pour être entièrement pur. »

(Enseignement de ŚWEDENBORG.)

---

(1) Le Seigneur est l'alpha et l'oméga, aleph et thau (**A-th**).

4. — *La Langue sacrée.* — *La Parole* (¹).

L'homme ne vit pas seulement de pain, mais de toute parole qui vient de la bouche de Dieu.

(Jésus et Deut., 8.)

Voici, les jours viennent, dit le Seigneur, l'Éternel, où j'enverrai la famine dans le pays, non la disette du pain ni la soif de l'eau, mais la faim et la soif d'entendre les paroles de l'Éternel.

(Amos, 9.)

Les paroles de l'Éternel sont des paroles sans alliage, un argent éprouvé sur terre au creuset, et sept fois épuré.

(David, XII.)

Toute parole de Dieu est éprouvée. Il est un bouclier pour ceux qui cherchent en lui un refuge. N'ajoute rien à ses paroles, de peur qu'il ne te reprenne et que tu ne sois trouvé menteur.

(Prov. Sal., 29.)

Malheur à l'homme qui ne voit dans la Loi que

(1) Voir Développement 23 : Langue d'unité.

de simples récits et des paroles ordinaires !... Les récits de la Loi sont le vêtement de la Loi. Malheur à qui prend ce vêtement pour la Loi elle-même ! C'est dans ce sens que David a dit : Mon Dieu ! ouvre-moi les yeux, afin que je contemple les merveilles de ta Loi.

(Le Zohar.)

La parole que vous avez entendue n'est pas ma parole...

(Jésus.)

... Moïse retourna et descendit de la montagne, les deux tables du témoignage dans sa main ; les tables étaient écrites des deux côtés, elles étaient écrites de l'un et de l'autre côté. Les tables étaient l'ouvrage de Dieu, et l'écriture était l'écriture de Dieu, gravée sur les tables.

(Exode, 32.)

... Je regardai, et voici : une main était étendue vers moi, et elle tenait un livre en rouleau. Il fut déployé devant moi, et il était écrit en dedans et en dehors.

(Ézéch. 3.)

... De sa bouche sortait une épée aiguë, à deux tranchants... Puis je vis dans la main droite de celui qui était assis sur le trône un livre écrit en dedans et en dehors, scellé de sept sceaux...

(Apoc., 1 et 5.)

... Je vous le dis en vérité, tant que le *ciel* et la *terre* ne passeront point, il ne disparaîtra pas de la Loi un seul iota (**iod**) ou un seul trait de lettre, jusqu'à ce que tout soit arrivé.

(Matt., 5.)

En ce jour-là, les sourds entendront les paroles du Livre ;
Et, délivrés de l'obscurité et des ténèbres,
Les yeux des aveugles verront...

(Isaïe, 29.)

L'homme n'enseigne à l'homme que de fausses pensées propres à le faire tomber dans des ténèbres infranchissables ; mais la Loi lui donne une science inaltérable, infaillible, à l'aide de laquelle il atteint bien vite à sa vraie demeure.

(*Sagesse de l'Inde.*)

... La parole de Dieu est vivante et efficace, plus tranchante qu'une épée quelconque à *deux tranchants ;* elle pénètre jusqu'à la division de l'âme et de l'esprit, jusque dans les jointures et les moelles ; elle juge les sentiments et les pensées du cœur.

(Paul : Hébreux, 4.)

Aussi je me réfugie pour m'instruire auprès de toi, Seigneur, Dieu désirable, auprès du meilleur des Dieux ; tranche en moi les liens du cœur avec

tes paroles qui m'éclairent sur ma route, et ouvre-
moi ton séjour.

(Sagesse de l'Inde.)

La *Parole* est ce qui unit le Ciel et la Terre. C'est
pour cela que la Parole a été écrite en pures correspondances. Dans le sens intime de la Parole, il
s'agit uniquement du Seigneur et de son Royaume.
La Parole, dans le sens de la lettre, est naturelle.
Et cela, parce que le naturel est le dernier (de la
série), dans lequel se terminent les célestes et les
spirituels, et sur lesquels ils subsistent comme sur
leur fondement; le sens interne ou spirituel de la
Parole, sans un sens externe ou naturel, serait
comme une maison sans fondement.

(Enseignement de SWEDENBORG.)

La crainte de l'Éternel est le commencement de la science
[(dyth).
Les insensés méprisent la sagesse (ħcmh) et l'instruction
[(mosr).

Écoute, mon fils, l'instruction de ton père,
Et ne rejette pas l'enseignement de ta mère.
. . . .

Mon fils, si tu reçois mes paroles,
Et si tu gardes avec toi mes préceptes,
Si tu rends ton oreille attentive à la sagesse,
Et si tu inclines ton cœur à l'intelligence (binh),
Si tu la cherches comme l'argent,
Si tu la poursuis comme un trésor,
Alors tu comprendras les paroles de l'Éternel (ihoh),
Et tu trouveras la connaissance de Dieu (alhim).

Car l'Éternel donne la sagesse,
De sa bouche sortent la connaissance et l'intelligence.
... Alors tu comprendras la justice (tzdq), l'équité
[(mshpht),
La droiture (mishrim), toutes les routes qui mènent au bien
Car la sagesse viendra dans ton cœur.   [(tob).
Et la connaissance fera les délices de ton âme.
La réflexion veillera sur toi, l'intelligence te gardera,
Pour te délivrer de la voie du mal.

. . . .

Toutes les paroles de ma bouche sont justes,
Elles n'ont rien de faux ni de détourné,
Toutes sont claires pour celui qui est intelligent,
Et droites pour ceux qui ont trouvé la Science.

. . . .

Et maintenant, mes fils, écoutez-moi,
Et heureux ceux qui observent mes voies !
Écoutez l'instruction pour devenir sages,
Ne la rejetez pas.
Heureux l'homme qui m'écoute,
Qui veille chaque jour à mes portes,
Et qui en garde les *poteaux !*
Car celui qui me trouve a trouvé la vie,
Et il obtient la faveur de l'Éternel.
Mais celui qui pèche contre moi nuit à son âme ;
Tous ceux qui me haïssent aiment la mort.

. . . .

Moi, la Sagesse, j'ai pour demeure le discernement
[(yrmh),
Et je possède la faculté (amtza) de la réflexion (mzmoth).
La crainte de l'Éternel, c'est la haine du mal (ry) ;
L'arrogance et l'orgueil, la voie du mal,
Et la bouche perverse, voilà ce que je hais.

. . . .

Confie-toi en l'Éternel de tout ton cœur,
    Et ne t'appuie pas sur ta sagesse ;
Reconnais-le dans toutes tes voies,
    Et il aplanira tes sentiers.

. . . .

    Celui qui reprend le moqueur, s'attire le dédain,
Et celui qui corrige le méchant reçoit un outrage.
    Ne reprends pas le moqueur, de crainte qu'il ne te haïsse,
Reprends le sage, et il t'aimera.
    Donne au sage, et il deviendra plus sage,
Instruis le juste et il augmentera son savoir.
    Le commencement de la sagesse, c'est la crainte de
                                 [l'Éternel,
Et la science des saints (qdsh), c'est l'intelligence.
    C'est par moi que tes *jours* se multiplieront.
Si tu es sage, tu es sage pour toi ;
    Si tu es moqueur, tu en porteras seul la peine.

            (Sagesse de Salomon — Version Segond.)

    L'effort tourné vers la Loi conduit à la condition
d'une science sans obscurité.

                (Sagesse de l'Inde.)

    Quand les auditeurs du Bhagâvat apprennent
l'exposition de la Loi, ils la voient face à face, ils la
possèdent avec son caractère de Loi, et alors tout
ce qu'ils disent, tout ce qu'ils montrent, tout ce
qu'ils enseignent, tout cela est d'accord avec le
caractère de Loi.

                (Sagesse de l'Inde.)

Ce n'est pas seulement en évitant de flatter la
sensualité, ce n'est pas seulement par l'abstention
qu'on peut dompter les organes des sens, mais
plutôt en se livrant avec persévérance à l'étude de
la Science sacrée.

Si un seul des organes reprend possession du
Moi, la Science divine de l'homme s'échappe en
même temps, de même que l'eau s'échappe, par la
moindre fissure, de l'outre qui la contient.

(*Ibid.*)

Toute recherche qui n'aboutit pas à la connaissance de Dieu, du monde ou de l'esprit, est une
fatigue stérile et vaine. Si l'étude de l'antiquité et
de l'histoire mérite de nous occuper, c'est qu'elle
nous fait connaître à nous-mêmes. Dans les sciences
philologiques, le critérium de l'utilité d'une connaissance n'est autre que sa valeur psychologique.
L'esprit n'y doit chercher que l'esprit... Le gram-
mairien et l'archéologue cherchent tous deux les
choses, ou plutôt ils cherchent une même chose,
l'*esprit* : les uns dans les monuments de l'art ou de
la vie politique du passé, les autres dans les mots
qui, pour celui qui les dissèque, offrent chacun,
comme en raccourci, l'image de l'esprit humain.

(Salomon REINACH.)

Ce commandement que je te prescris aujourd'hui
n'est certainement point au-dessus de tes forces et

hors de ta portée.... C'est une chose, au contraire, *qui est tout près de toi, dans ta bouche et dans ton cœur, afin que tu la mettes en pratique.*

(Deut., 30.)

Les choses cachées sont à l'Éternel, notre Dieu; les choses révélées sont à nous et à nos enfants, à perpétuité.

(Deut., 29.)

...Il est dangereux d'enseigner la vérité dans un autre ordre que Dieu a suivi, et d'expliquer à l'homme tout ce qu'il est, avant qu'il ait connu Dieu parfaitement...

...C'est pour cela qu'il fut ordonné à Daniel de sceller le Livre et de le tenir fermé jusqu'au temps ordonné de Dieu, afin de nous faire entendre que la pleine découverte de ces vérités était d'une autre saison et d'un autre temps.

...Dans les temps d'ignorance, ce que l'âme connaissait de sa dignité l'induisait souvent en erreur.

(Bossuet.)

...Si la révélation de la Loi avait eu lieu plus tôt, elle n'eût pas été intelligible. La révélation n'offre jamais rien que l'homme puisse découvrir par lui-même, probablement d'après le principe que c'est seulement quand il est capable de le découvrir qu'il est capable de l'apprécier. En outre, les enfants n'ont pas besoin de *lois*, à moins qu'on n'entende les lois dans le sens de commandement... Bien des formes devaient être amenées à la perfection avant la forme du Spirituel. L'inorganique devait être ouvré avant l'organique, le Naturel avant le Spirituel... Une des généralisations les plus frappantes de la science, c'est que les lois elles-mêmes ont leur loi... Elles en vinrent à être traitées elles-mêmes comme elles traitaient les phénomènes, et finalement elles se trouvèrent groupées dans un cercle plus étroit. Ce cercle intérieur est régi par une grande loi, c'est la loi de continuité. C'est la loi des lois.

...Il est évident qu'on ne peut exprimer les lois spirituelles qu'en un langage emprunté à l'univers visible. Notre vocabulaire dépendant des images, si une série de lois tout à fait nouvelles et étrangères existaient dans le monde spirituel, elles ne pourraient jamais prendre la forme d'idées définies, par le seul fait que les termes manqueraient.

(H.-M. DRUMMOND : *Les lois de la Nature dans le monde spirituel.*)

Voir Développement 23.

5. — *La Science géminée du Bien et du Mal.*

Le mal, n'étant que relatif par rapport aux conflits de la dualité, n'a pas d'expression absolue en

langue sacrée. Le mot **ry**, traduit par « mal », est
le Naturel, correspondant à **adm** du sixième jour
(premier-né, antérieur à l'influx divin, et récipient
du Spirituel). Ce mot ne contient en lui-même
aucun sens d'opposition formelle avec **tob** (idée de
tension vers le centre ou l'interne) dont la qualité
est appliquée invariablement à toute la progression
des *six jours*.

L'opposition apparaît pour la première fois lorsque **adm** rompt l'alliance et se rend indépendant
par son propre volontaire. C'est alors qu'est for-
mulé cet enseignement, non par les **alhim** seuls,
créateurs de l'animalité, mais par **ihoh alhim** :
« Voici, **adm** est comme l'un de nous (**cahd
mmno**) pour la connaissance du bien (**tob**) et du
mal (**ry**) (¹).

En règle générale, et sous ses multiples aspects,
le principe réflexe et passif de la dualité n'a pas
d'existence indépendante par lui-même (²) tant

_____

(1) Rapp. **phryh** (Pharaon) : génie (**ph**) du Naturel-Roi
(**ryh**). Cf. Taoïsme : « C'est lorsque la notion du *bien* a été
imaginée que le *mal* a apparu dans le monde »; et : « Ce
qui a fait que le monde a su que le *bien* est le *bien*, c'est le
mal. Et, Gen. III : « Qui t'a appris que tu étais *nu* (**yirm**) ? »

(2) La Nuit, discriminée au début de la Genèse, en même
temps que les « eaux de contradiction » (vrais d'en haut et
vrais d'en bas, ou faux), n'est qu'une modalité du Jour. La
Science naturelle n'est qu'une modalité de la Connaissance.
La fonction analytique de la dualité intellectuelle appartient
au propre volontaire, au même titre que les organes externes

que l'unité dont il est l'instrumental conserve son immanence, et, par là, sa suprématie. Mais dès que, par la rupture de l'ordre, ce principe n'est plus alimenté normalement et cesse d'être serviteur pour fonctionner isolément, il devient la sanction de la loi de l'ordre, dans son œuvre de régénération de l'Unité. Il est alors nécessairement le mensonge et le mal, qui constituent la forme même de son vrai et de son bien ; il produit nécessairement la souffrance et le mal, puisque ses activités aveugles ne peuvent s'alimenter qu'aux dépens des énergies accumulées par l'Unité, et en immolant, par le sacrifice inverti, l'être dominateur d'autrefois aux finalités dont son antagoniste devient l'organe de réalisation.

Dans l'invisible comme dans le visible, dans

---

de préhension, de vision, etc., qui en sont le prolongement et l'image dans le visible.

La *Foi*, symbolisée par la lumière réfléchie et froide de la lune, n'est qu'une modalité de l'*Amour*, représenté par le *soleil*, qui est à la fois *chaleur* et *lumière*. Ce sont les deux foyers de lumière spécifiés le quatrième jour pour représenter (mshl) le *Jour* et la *Nuit*.

Cf. dans les Évangiles, dont le langage recouvre le sens interne : « En ces jours-là le *soleil* s'obscurcira, la *lune* ne donnera plus sa *lumière*, les *étoiles* tomberont du ciel. » Les *étoiles* sont les lumières lointaines, les échos des enseignements sacrés des cycles étrangers, en général les connaissances du bien et du vrai. Et dans Isaïe, 13... « Car les *étoiles* des cieux et leurs *astres* ne feront plus briller leur *lumière*, le *soleil* s'obscurcira, etc. »

l'ordre physique comme dans l'ordre psychique, l'esprit du mal, le génie de la désassimilation organique ne peut cesser d'agir, puisque son mode d'activité est la condition même de son équilibre vital. Dans l'invisible comme dans le visible, il forme une sombre société de destruction, extérieure à la *Société*, et dotée de pourvoyeurs infatigables, ardents à la capture des « vils esclaves » appelés à alimenter le « *feu* qui ne s'éteindra jamais ».

Il est la fonction épuratrice, le policier de l'Univers, le ministre implacable de la Justice.

Enseignements. — Les hommes qui naissent dans la race des Asouras ne voient ni le mystère de la naissance, ni celui de la mort. L'impureté n'existe pas chez eux. La première chose au monde, pensent-ils, c'est la satisfaction de ses désirs. Appuyés sur une telle manière de voir, ces ennemis de l'univers conduisent les êtres à leur perte.

(Krishnaïsme.)

Nous tremblons, quand prévaut le trompeur, le négateur de ta loi, ô Mazda; ces hommes, qui sont la perdition de la foule, nous font peur.

(Mazdéisme.)

Les méchants sont comme la mer toujours agitée, qui *ne peut* se calmer, et dont les eaux soulèvent la vase et le limon.

(Isaïe, 57.)

Ils dévorent *mon peuple,* ils le prennent pour nourriture.

Ils disent : Nous sommes puissants par notre langue ; nous avons nos lèvres avec nous. Qui donc serait notre maître ?

(David, 12 et 53.)

— *Mon peuple* a pour oppresseurs des *enfants,* et des *femmes* dominent sur lui.

(Isaïe, 3.)

Voici, je te donne en possession aux fils de l'Orient ; ils établiront au milieu de toi leurs enclos ; ils y planteront leurs tentes, ils mangeront tes fruits, ils boiront ton lait.

(Ézéch., 25.)

Les méchants ont deux manières de nuire : en faisant le mal et en faisant le bien.

(Abbé Joseph Roux.)

Craignez celui qui, après avoir tué, a le pouvoir de jeter dans la géhenne. Craignez, vous dis-je, craignez celui-là !

(Jésus.)

Le Seigneur a tout fait pour lui, et le méchant même pour le jour mauvais.

(Prov. Sal.)

C'est l'Éternel qui dirige les pas de l'homme; car l'homme pourrait-il comprendre sa voie?

(Prov. Sal.)

Aie conscience de toi-même et de ta faiblesse morale; reconnais que tu es incapable de te conduire seul, et qu'il faut te soumettre à une puissance contre laquelle tu ne puisses te révolter. Mets-toi complètement et de cœur sous le gouvernement de Dieu, le maître de tout... Aie confiance et courage, car l'homme est de la race des Dieux.

(PLATON.)

Vous ne savez pas de quel esprit vous êtes animés. — Pourquoi m'appelez-vous bon? Il n'y a que Dieu seul qui soit bon.

(Jésus.)

Tout ce que nous faisons, ô Éternel, c'est toi qui l'accomplis pour nous.

(Isaïe, 26.)

Je me suis réservé les premiers-nés (¹)... Tu me consacreras tes premiers-nés.

(Enseignement réitéré dans Gen., Exode, Deut.)

---

(1) Résumé (Voir les développements précédents) : Le premier-né est le Naturel pur, ou adm du sixième jour, créé par les alhim; le puîné (qtn) est le Spirituel, ou adm du

Je m'incline devant la Sagesse suprême... C'est elle qui, par la connaissance de tous les chemins ouverts à l'activité des hommes, dirige chacun dans le sentier qui convient le mieux à son génie.

(Sagesse de l'Inde.)

Tous les êtres sont également d'essence subtile, incompréhensible, sans aucune différence.

(Taoïsme.)

Qu'ils nous connaissent peu, ceux qui nous connaissent le plus !

(Abbé Joseph Roux.)

Connais-toi toi-même.

(Sagesse antique.)

...Enseigner le positif, sans tenir compte de ce qui lui est contraire, le négatif, ou bien traiter de

---

Sabbat (shbth) vivifié par l'influx divin « qui a fait de lui un être vivant (nphsh hih) ». — adm du sixième jour a été créé roi de l'animalité, à la suite de laquelle il apparaît, et n'a pas d'autre loi que ses sujets dont il est la synthèse. C'est par lui que, dans la race cadette, le Naturel sera régénéré ; mais en même temps il profitera des acquisitions évolutives de celle-ci et demeurera le prototype du Naturel humain, perfectionné de cycle en cycle, sous la conduite du *Serpent*, « le plus rusé des êtres créés par les alhim ».

l'ordre sans envisager le trouble, c'est rester incomplet. Tels sont le principe rationnel du *Ciel* et de la *Terre*, la nature intime des êtres, quels qu'ils soient.

(Taoïsme.)

La Nuit, noire et silencieuse, est à son heure la vraie lumière et la vraie parole. Sans la nuit, nous ne saurions rien. C'est grâce à elle que nous connaissons l'univers et les lois qui le régissent. Sans elle, nous aurions continué d'habiter un monde inconnu sans nous douter de sa véritable nature, sans pouvoir deviner sa forme, ses mouvements, sa position dans l'espace, sans jamais savoir que la Terre est une planète, que d'autres, ses sœurs, appartiennent au même système, qu'il y a des millions de soleils, des millions de systèmes, que notre fourmilière n'est qu'un point dans l'infini, que l'humanité terrestre n'est qu'une partie infinitésimale de la création.

(Dr SAFFRAY.)

Un hibou, la *nuit,* peut attraper les moucherons et apercevoir un brin de laine ; s'il sort de sa retraite pendant le *jour,* ses yeux sont éblouis et il n'aperçoit pas même une montagne. Telles sont les différences de nature.

(*Sagesse de la Chine.*)

Ce que je désire, est-ce que le méchant périsse,

dit le Seigneur (adni), l'Éternel (ihoh)? N'est-ce
pas qu'il change de conduite et qu'il vive?

(Ézéchiel, 18.)

...La vie d'un peuple et toutes les manifestations
de sa civilisation sont le simple reflet de son âme,
les signes visibles d'une chose invisible, mais très
réelle. Les événements extérieurs ne sont que la
surface apparente de la trame cachée qui les déter-
mine.

...C'est une chimère enfantine de croire que les
gouvernements et les constitutions sont pour
quelque chose dans la destinée d'un peuple. C'est
en lui-même que se trouve sa destinée et non dans
les circonstances extérieures.

(Dr G. Lebon.)

...Une race possède des caractères psychologiques
presque aussi fixes que ses caractères physiques.
Comme l'espèce anatomique, l'espèce psychologique ne se transforme qu'après des accumulations
d'âges.

...Les différences profondes qui existent entre la
constitution mentale des divers peuples ont pour
conséquence de leur faire percevoir le monde de
façon très dissemblable. Il en résulte qu'ils sentent,
raisonnent et agissent de façons très différentes et
se trouvent, par conséquent, en dissentiment sur
toutes les questions, dès qu'ils sont en contact. La

plupart des guerres qui remplissent l'histoire sont
nées de ces dissentiments.

(D' G. Lebon.)

Chaque homme, même celui qui est purement
naturel et sensuel, a été doté d'un entendement qui
peut être élevé dans la lumière du Ciel, voir les
Spirituels et même les Divins et aussi les comprendre, mais seulement lorsqu'il les entend ou les
lit; ensuite, d'après la mémoire, il peut en parler,
mais, en parler lui-même, d'après lui-même, il ne
le peut; la raison en est que, lorsqu'il entend et lit,
l'entendement est séparé de sa propre affection, et,
quand il en est séparé, il est dans la lumière du
Ciel. Mais lorsqu'il pense en lui-même, d'après lui-
même, l'entendement est conjoint avec l'affection
de sa volonté, et celle-ci le retient et l'empêche de
sortir.

Tout naturalisme vient de ce qu'on pense aux
Divins, d'après les propres de la Nature, qui sont
la matière, l'espace et le temps (')... Si ces propres
ne sont point écartés, on ne peut s'empêcher de
penser que la Nature est tout, qu'elle *est* par elle-
même, que la vie vient d'elle, que son intime est ce
qu'on nomme Dieu et que tout est imagination,
excepté elle... Tout homme qui est ancré dans le

_____

(1) « La vraie vie de l'homme n'est pas ce qui s'accomplit
dans l'espace et dans le temps. »

(Tolstoï.)

naturalisme, en pensant d'après la nature, reste
aussi tel après la mort, et toutes les choses (illustrations) qu'il voit dans le Monde spirituel, il les
appelle naturelles, parce qu'elles sont semblables à
celles de la Nature... De tels hommes sont éclairés
et instruits par des anges que ces choses ne sont
que des apparences des choses naturelles; ils en
acquièrent même la conviction, au point d'affirmer
qu'il en est ainsi, mais toujours ils *retombent* et
adorent la Nature comme dans le monde, et enfin
ils se séparent des anges et *tombent* dans l'enfer (¹),
d'où ils ne peuvent être arrachés pendant toute
l'éternité : la raison en est qu'il ont une âme non
spirituelle, mais naturelle, comme celle des bêtes,
avec la faculté de penser et de parler, parce qu'ils
sont nés hommes... Il est donc important que de si
épaisses ténèbres, provenant de la Nature, qui
obstruent les seuils de l'entendement, soient écartés
par une lumière rationnelle, dérivée de la lumière
spirituelle...

                    (Enseignement de Swedenborg.)

Si le monde n'était pas quelque chose qui, dans
l'expression pratique, ne devrait pas être, théori-
quement il ne serait pas non plus un problème; au

_____

(1) Ils deviennent ou redeviennent des agents de la puissance nocturne, antagoniste et infernale (*infera*), dont le séjour est figuré par le sein de la terre, et le fonctionnement
organique par celui des racines de l'*arbre* (ytz).

contraire, ou bien alors son existence n'aurait besoin d'aucune explication, puisqu'elle se comprendrait si entièrement d'elle-même qu'il ne pourrait venir à aucun esprit le moindre étonnement, la moindre question à son sujet; ou bien la finalité de son existence apparaîtrait avec une évidence qui ne permettrait pas de la méconnaître...

> (SCHOPENHAUER, *Le Monde comme volonté et représentation*.)

...Nous avons une meilleure connaissance de l'esprit que du corps; le monde immatériel est une réalité plus ferme que le monde matériel... Le monde n'est pas une chose qui *est* par lui-même; il n'*est* pas. C'est une chose qui enseigne, et encore, ce n'est pas même une chose: c'est une apparence qui montre, une ombre qui enseigne... Le Spirituel est la seule réalité. Le visible est l'échelle de l'invisible. Le temporel n'est que l'échafaudage de l'Éternel.

> (H.-M. DRUMMOND, *Les Lois de la nature dans le monde spirituel*.)

.,. Les idées-forces, soit qu'elles partent du faux, du monde-illusion, pour atteindre les fils du Soleil en décadence, soit qu'elles partent du vrai plus ou moins mélangé pour frapper les fils du Mensonge, les idées-forces seront meurtrières dans l'in-

visible avant que leurs blessures ne deviennent
apparentes dans le visible.

Toute guerre est une guerre divine ; toute révolution marque une étape dans la guerre des oppo-
sitions ; guerre et révolution sont déjà accomplies
dans l'invisible, où leurs effets sont réalisés d'a-
vance, avant que leur traduction ne soit donnée
dans l'externe.

Que représente le « geste » d'un être, sa représentation externe aux yeux de ses contemporains,
à côté de sa vie interne, de ce que lui seul sait, de
ses agitations sur l'Océan qui l'a bercé ? N'est-ce
pas l'ombre du réel, le squelette à côté de la vie ?

(J. H. ROSNY.)

Il y a diversité de dons, mais le même Esprit ;
diversité de ministères, mais le même Seigneur ;
diversité d'opérations, mais le même Dieu qui
opère tout en tous.

Or, à chacun la manifestation de l'Esprit est
donnée pour l'utilité commune. En effet, à l'un est
donnée par l'Esprit une parole de sagesse ; à un
autre une parole de connaissance, selon le même
Esprit ; à un autre la foi, par le même Esprit ; à un
autre le don de guérison ; à un autre le don d'o-
pérer des miracles ; à un autre la prophétie ; à un
autre le discernement des esprits ; à un autre la
diversité des langues. Un seul et même Esprit
opère toutes ces choses, les distribuant à chacun
en particulier comme il veut.

Car, comme le corps est un et a plusieurs membres (organes) et comme tous les membres du corps, malgré leur nombre, ne forment qu'un seul corps, ainsi en est-il de Jésus-Christ. Nous avons tous, en effet, été baptisés (¹) dans un seul Esprit, pour former un seul corps, soit Juifs, soit Grecs, soit esclaves, soit libres, et nous avons tous été abreuvés d'un seul Esprit.

...Dieu a disposé le corps de manière à donner plus d'honneur à ce qui en manquait, afin qu'il n'y ait pas de division dans le corps, mais que les membres aient également soin les uns des autres. Et si un membre souffre, tous les membres souffrent avec lui; si un membre est honoré, tous les membres se réjouissent avec lui.

...Si tout le corps était œil, où serait l'ouïe ? S'il était tout ouïe, où serait l'odorat ?

...Vous êtes le corps du Christ, et vous êtes ses membres (organes), chacun pour sa part. Aspirez aux dons les meilleurs.

(I Cor., 12.)

---

(1) Moi (le baptiste Jean), je vous baptise d'*eau* pour vous amener à la repentance; mais celui qui vient *après moi* est plus puissant que moi, et je ne suis pas digne de porter ses *souliers*. Lui, il vous baptisera de *feu* et d'*Esprit*.

(Matt., 3.) (Voir Développement 25.)

6. — *Traduction de l'Exode.*

On ne saurait trop recommander l'excellente version Segond, faite sur le texte même, qu'elle suit d'aussi près que le permet la syntaxe de la langue française.

———

7. — *La terre d'Égypte.*

Antérieurement à l'ère d'Israël, l'Église représentative centrale avait géographiquement son siège en Égypte (**mtzrim**). Son rôle matriciel, par rapport aux fils de Jacob, a été alors celui que tiennent actuellement ceux-ci au regard des nations évolutives. L'Église de **mtzrim** elle-même ne représente que l'un des plus récents parmi les nombreux cycles d'humanité énumérés dans la Genèse, où ils revêtent l'apparence de généalogies et d'individualités historiques. Ces cycles ont d'ailleurs fait l'objet de livres plus anciens, appropriés à leur génie, et dont deux sont mentionnés dans ceux d'Israël. La Genèse se borne à retracer à grands traits les lois d'ensemble des régénérations, et, plus particulièrement, celles qui ont présidé à la formation du cycle d'Israël.

Sur l'immanence de la signification des *noms*, abstraction faite de la représentation de l'idée correspondante dans l'externe, cf. notamment :

Saint Paul, Romains, II. — Le *Juif*(¹), ce n'est pas celui qui en a les dehors ; et la *circoncision*, ce n'est pas celle qui paraît dans la chair. Mais le *Juif*, c'est celui qui l'est intérieurement ; et la *circoncision*, c'est celle du cœur, selon l'esprit et non selon la lettre (²).

Apoc., 3. — ...Voici, je te donne de ceux de la synagogue de Satan, qui se disent *Juifs* et qui ne le sont pas, mais qui mentent ; voici, je les ferai venir se prosterner à tes pieds, et connaître que je t'ai aimé...

Isaïe, 63. — ...Tu es cependant notre Père, car *Abraham* ne nous connaît pas et *Israël* ignore qui

---

(1) Le mot **ihodi**, traduit par *Juif* (allem. *Iude*, juif, usurier), répond à *Juda*, **ihodh** = glorifier, adorer ; **ishral**, (*Israël*) nom de **iyqb** (Jacob) après le *combat* (régénération) est l'état nouveau qui succède à la délivrance.

(2) *Même épître*, II : « Toi qui portes le nom de *Juif*, qui te reposes sur la Loi, qui te glorifies de Dieu, qui connais sa volonté, qui apprécies la différence des choses, étant instruit par la Loi ; toi qui te flattes d'être le conducteur des aveugles, la lumière de ceux qui sont dans les ténèbres, le docteur des insensés, le maître des ignorants, parce que tu as dans la Loi la règle de la science et de la vérité ; toi donc qui enseignes les autres, tu ne t'enseignes pas toi-même. » Cf. la Parole : « Tu ne me verras plus jusqu'à ce que tu dises : Béni soit celui qui vient au nom du Seigneur. » (Jésus).

nous sommes ; c'est toi, Eternel, qui es notre Père,
et qui, dès l'éternité t'appelles notre Sauveur.
Pourquoi, ô Éternel, endurcis-tu nos cœurs contre
ta crainte ?

Swedenborg (passim). — Le *nom* signifie la
qualité de la personne représentative ; il est signi-
ficatif de l'état. Si les historiques étaient la Parole
sans renfermer un sens interne, plusieurs seraient
estimés comme saints et comme dieux, par exemple
Abraham, Isaac et *Jacob* lorsque cependant ils
n'ont eu rien de plus que les autres et sont incon-
nus dans l'autre vie, *Abram* (**abrm**) représente la
souche commune d'où sont dérivées les églises où
était la Parole ; Abraham (**abrhm**, avec **h** tiré du
nom de **ihoh**), représente le Divin naturel du Seigneur, etc.

Matthieu, 3. — Voyant venir à son baptême beaucoup de pharisiens (**phrshim**) et de sadducéens
(**tzdqim**), il (Jean) leur dit : Races de vipères, qui
vous a appris à fuir la colère à venir ? Produisez
donc du fruit digne de la repentance, et ne pré-
tendez pas dire en vous-mêmes : Nous avons
Abraham pour père. Car je vous déclare que de
ces *pierres* Dieu peut susciter des enfants à
Abraham.

8. — Descendre en Égypte.

Gen., 13. — Il y eut une famine dans le pays, et Abraham descendit en Égypte pour y séjourner.

Gen., 26. — Il y eut une famine dans le pays. L'Éternel (**ihoh**) apparut à Isaac et lui dit : Ne descends pas en Égypte, etc.

Gen., 46. — Dieu (**alhim**) dit à Jacob : Ne crains point de descendre en Égypte, etc. (Voir Développement 10).

Cycle chrétien. — Joseph se leva, prit *de nuit* l'enfant, et se retira en Égypte... afin que s'accomplît la parole : J'ai tiré mon fils de l'Égypte (¹).

(Matt., 2.)

Isaïe, 30, 31, 35. — Malheur à ceux qui descendent en Égypte (**mtzrim** = science naturelle) pour avoir du secours.

Car le secours de l'Égypte n'est que vanité et néant. En qui as-tu donc placé ta confiance pour l'être révolté contre moi? Voici, tu l'as placée dans l'Égypte, tu as pris pour soutien ce roseau cassé, qui pénètre et perce la main de quiconque s'appuie

_____

(1) Accomplissement du rite; représentation, dans l'externe, de la Loi qui s'était réalisée dans l'interne et au degré spirituel ou psychique.

dessus. Tel est Pharaon (**phryh**), roi d'Égypte,
pour tous ceux qui se confient en lui.

Jérémie, 42. — « Restes de Juda (**sharith
ihodh**), l'Éternel vous dit : N'allez pas en Égypte !
sachez que je vous le défends aujourd'hui. »

Ezéchiel 29. — ...Le pays d'Égypte deviendra
une solitude et un désert. Et ils sauront que je
suis l'Éternel ; parce qu'il a dit (**phryh**) : Le
fleuve est à moi, c'est moi qui l'ai fait ! C'est
pourquoi, voici, j'en veux à toi et à tes fleuves,
et je ferai du pays d'Égypte un désert et une
solitude...

---

9. — *Ils y régneront par leur frère.*

Le *frère* vendu aux *Égyptiens* figure les premières manifestations de l'esprit de recherche indépendante de la science naturelle, qui sont repous-
sées par l'esprit de fixité nécessaire de l'aîné de
l'Église.

Joseph (**iosph** = accumulation ; thésaurisation)
représente l'agent de transition qui apparaît dans
tout passage d'un *état* à l'autre de la régénération.
C'est ainsi que Aaron est le médium, l'interprète
de Moïse, qui est lui-même l'interprète de Dieu.
Le « Fils » est le médiateur entre un cycle et le
suivant, entre le Divin et le Spirituel, ou le Spiri-

tuel et le Naturel. C'est la « pierre d'angle » qui appartient à la fois aux deux plans contigus (¹). Le baptiste Jean a de même été l'intermédiaire entre l'ancien état et la parole du Christ, dont il avait mission d' « aplanir les sentiers ».

(Marc, 1.)

---

10. — *Leur père les y rejoindra.*

— Dieu (**alhim**) dit à Jacob : Ne crains point de descendre en Égypte, car je te ferai devenir une grande nation. Moi-même je descendrai avec toi en Égypte, et moi-même je t'en ferai remonter.

(Gen., 46.)

— Mon Père ne m'a point laissé seul.

(Jésus.)

— Je serai avec vous jusqu'à la consommation des temps.

(Jésus.)

---

(1) L'aphorisme *Natura non facit saltum* est vrai à tous les degrés.

---

11. — *L'esprit de leur père semblera*
les avoir abandonnés.

Mon Dieu! mon Dieu! pourquoi m'avez-vous
abandonné? (**ali, ali, lmh zbhthni**).

(Jésus.)

––––––

12. — *La fournaise de fer.*

L'Éternel vous a pris et vous a fait sortir de la
fournaise de fer de l'Égypte (**cor hbrzl mtzrim**).

(Deut., 4.)

––––––

12 bis. — *La chair et le sang de leurs fils*
et de leurs filles.

Garde-toi de rechercher leurs Dieux et de dire:
Comment ces nations servaient-elles leurs Dieux?...
Car elles servaient leurs dieux en faisant toutes les
abominations qui sont odieuses à l'Éternel, et
même elles *brûlaient* leurs *fils* et leurs *filles* en
l'honneur de leurs *dieux*.

(Deut., 12.)

Ce qui est en honneur parmi les hommes est en abomination devant Dieu.

(Jésus.)

---

13. — *Une apparence de malédiction.*

Enseignements. — Qui ne hait pas sa vie dans ce monde et ne renonce pas à soi-même ne saurait être mon disciple. Nul ne peut venir à moi si mon Père qui est dans les Cieux ne l'attire.

Nul ne peut se délivrer soi-même.

(Jésus.)

Leur âme avait en horreur toute nourriture, et ils touchaient aux portes de la mort.

(David, 107.)

Est-il une condition plus misérable que celle-là, où n'apparaît ni aujourd'hui, ni demain, un aliment qui puisse rassasier?

(Brahmanisme.)

Maudit soit le jour où je suis né ! Que le jour où ma mère m'a enfanté ne soit point béni !

(Jér., 22.)

Périsse le jour où je suis né !... Pourquoi donne-t-il la lumière à celui qui souffre, et la vie à ceux qui ont l'amertume dans l'âme, qui espèrent en vain la mort, et qui la convoitent plus qu'un trésor, qui seraient transportés de joie et saisis d'allégresse s'ils trouvaient le tombeau ?

(Job, 3.)

...Ce travail, par son continuel accroissement, transforme de plus en plus l'homme en un pur esclave et instrument. Il en est ainsi d'abord dans le travail technique avec ses fabriques, et aussi, de plus en plus, dans les autres domaines de la vie... Cette orientation de la vie impose à l'homme de chercher à se rattacher de plus en plus aux choses extérieures, et de n'attendre que de l'application de ses forces à ces dernières la réalité et la vérité, alors que la vie interne, détachée d'elles et devenant un pur royaume des ombres, tombe au rang d'un fantôme vide de sens.

... Y a-t-il plus désolante organisation de la vie que celle-là, avec son exigence d'un travail continuel et sans aucun profit intérieur, avec sa fiévreuse mise en œuvre de toutes les forces pour la conquête de la simple existence ?

(R. EUCKEN, *Les grands courants de la pensée contemporaine.*)

Voici, les jours viennent, dit le Seigneur (**adni**) l'Éternel (**ihoh**), où j'enverrai la famine dans le pays, non la disette de pain ni la soif de l'eau, mais la faim et la soif d'entendre les paroles de l'Éternel.

(Amos, 8.)

---

14. — *Appelé à faire monter ses frères.*

... La *pierre* sur l'ouverture du *puits* était grande. Tous les *troupeaux* se rassemblaient là. On *roulait* la *pierre* de dessus l'ouverture du *puits*, on abreuvait les *troupeaux*, et l'on remettait la *pierre* à sa place sur l'ouverture du *puits*... (¹).

(Gen., 29.)

---

15. — *Les prêtres de la Mère.*

Ils feront des prodiges et des miracles, au point de séduire, s'il était possible, les élus eux-mêmes.

(Matt., 24.)

---

(1) Jusqu'au *jour* suivant, jusqu'au *cycle* suivant. *Rouler* : gll, rouler, dérouler, comme par exemple le Livre de la Loi (la Thorah, thrh), qui était déroulé en même temps qu'enroulé — glh, dérouler, découvrir, dénuder, révéler, glilh, Galilée, d'où devait sortir la révélation. Sur le mot *pierre*, cf. la parole : Tu ne seras plus Simon (shmn); tu es *Pierre* (cipha; grec : kephas); et rapp. le nom du grand prêtre *Caïphe*, qui préside à la clôture du cycle d'Israël.

16. — *L'aversion que leur inspire
leur condition actuelle* (¹).

Mais l'angoisse et la dure servitude les empê-
chaient d'écouter.

(Exode, 6.)

Nul ne peut venir à moi si mon Père qui est
au Ciel ne me l'a envoyé.

(Jésus.)

L'enfant ne naît pas parce qu'il veut naître.

(Tolstoï.)

Il en est du royaume de Dieu comme quand un
homme jette de la *semence* en *terre* : qu'il dorme
ou qu'il veille, nuit et jour la semence germe et
croît, sans qu'il sache comment. La terre produit
d'elle-même d'abord l'*herbe*, puis l'*épi*, puis le
grain tout formé dans l'épi ; et, dès que le *fruit* est
mûr, on y met la *faucille*, car la *moisson* est là (²).

(Marc, 4.)

---

(1) Chassés de leur pays par la famine, ils y sont rappelés
par une autre famine.

(2) La culture de la terre par l'homme, image organique
du Ciel, est la représentation figurée de la culture de la
Terre psychique par le Ciel.

Le disciple est comparé à un cultivateur qui doit labourer, ensemencer, arroser un champ, mais ne peut dire : Je veux que la moisson mûrisse aujourd'hui ou demain. Cependant le jour viendra où elle sera mûre.

(Bouddhisme.)

_____

16 *bis*. — *Doit avoir consacré toutes ses anciennes ressources vitales.*

Sauf un résidu, le « levain » (**shar**) par où fermenteront progressivement les énergies latentes.

Cf. « les restes d'Israël », les « réchappés d'Israël » dans Isaïe, 1, 4, 10, 41, etc.

Le surplus est déjà mort, à l'état de cendres ambulantes : « Laissez les *morts* enterrer leurs *morts*. »

(Jésus.)

A la consommation du cycle, les *restes*, ou le *levain*, s'appliquent à la fois aux deux plans inverses, où ils sont nettement séparés dans la reconstitution de l'Ordre. Cf. les paroles : « Prenez garde au *levain* des pharisiens et des sadducéens » et : « Le royaume de Dieu est comparable à du *levain* qu'une femme prend et qu'elle met dans *trois mesures* de farine pour faire lever toute la pâte. »

(Jésus.)

_____

17. — *En les qualifiant de paresseux, paresseux.*

Le redoublement du mot (**nrphim, nrphim**) peint l'état de perplexité de l'être, excédé à la fois de sa condition, et insuffisamment préparé à soutenir l'effort décisif qui le libérera.

Tout redoublement d'un même mot indique son application simultanée à deux plans distincts.

———————

18. — *Elle est virtuellement la Veuve.*

Sur la place de plus en plus grande que prend, au cours des cycles, le culte de la « Mère des Dieux » ou de la « Mère de Dieu », jusqu'à sa jonction finale avec celui de la « déesse Raison », de la Nature-Mère, cf. Développement 3, note 1 (Pierre, Pierre, un autre te conduira... etc.). Et Jérémie, 44 : « ... Nous ne t'obéirons en rien de ce que tu nous as dit au nom de l'Éternel. Mais nous voulons agir comme l'a déclaré notre bouche, offrir de l'encens à la reine du Ciel, et lui faire des libations. »

———————

19. — *Pas de conciliation.*

Les tentatives de conciliation ou de fusion des antinomies, vaines par elles-mêmes, constituent le témoignage incessant de la vie consciente de l'être aux prises avec lui-même dans les phases successives de son développement ([1]). C'est l'arc aux énergies tendues *à droite* et *à gauche,* et dont la résultante est dans la flèche. Ces tentatives se traduisent plus spécialement dans les théologies, les disputes d'écoles, les doctrines, les systèmes de métaphysique et de morale, dans les alliages de toute sorte issus des échanges d'énergies qui s'opèrent entre les deux plans de la dualité. Au cours de ses états successifs, le fruit aux cellules conscientes ne cesse pas, dans sa poursuite du « Connais-toi toi-même » et dans sa marche à la maturation, de chercher la formule perpétuellement changeante, perpétuellement en désaccord d'un pôle à l'autre entre ses divers centres de sécrétion, de la chimie qui préside à sa constitution organique. Mais toujours la « confusion des lan-

---

(1) Elles représentent la série des enfantements de **hoh** (Ève = faculté analytique instrumentale de la Dualité), jusqu'à ce qu'elle soit redevenue **ashh,** et virtuellement résorbée dans l'unité de **adm.** « Je multiplierai tes douloureux enfantements. » (Gen. 3.)

gues » mettra obstacle à la construction de la *tour*
qu'il rêve de se construire. Toujours, dans les dualités diversement polarisées et qui reçoivent, sous
la diversité de leur conditionnement fonctionnel,
l'appellation commune d'intelligence, la « raison »
ou l' « intuition » de l'un, et la « raison » et l' « intuition » de l'antagoniste constitueront deux termes
irréductibles autrement que dans un troisième centre commun qu'elles contribuent à créer. Le fruit
mûr, du haut de son édifice vivant, jouira du pano-
rama de ses transformations.

(Voir Développement 23 : Langue d'unité.)

...De tout temps les expressions et les idées
n'ont coïncidé que d'une façon approximative,
mais aujourd'hui il existe entre les unes et les
autres une divergence toute particulière.

(R. EUCKEN, *Les grands courants de la pensée contemporaine.*)

Ce que je sais le mieux, je ne le sais que pour
moi. Les paroles par lesquelles on essaie de rendre
ce que l'on sait n'excitent presque jamais que de la
contradiction, de l'hésitation et du silence.

(GOETHE.)

Bien simple quiconque s'imagine avoir assuré
l'avenir d'un art en le confiant à un livre. Bien
simple aussi celui qui va l'y chercher, comme si des

lettres pouvaient lui communiquer un savoir clair et solide. Il ignore l'oracle d'Ammon, car il se fait l'illusion de croire que les discours écrits ont une autre utilité que celle de rappeler ce qui est écrit à celui qui sait déjà.

(PLATON.)

———

20. — *Combat des êtres au sein de l'Être.*

— ...Combat, dis-je, innocent, qui, faisant l'équilibre et l'harmonie de la Nature, donc sa paix d'elle à elle, n'est même pas un combat ; c'est échange plutôt, roulement... Tourne la roue ! Roule la meule (¹) !...

(MICHELET.)

— Tout ce que nous faisons, ô Éternel, c'est toi qui l'accomplis pour nous.

(Isaïe, 26).

Création et destruction. — ...Il importe de ne pas perdre de vue les deux phases du travail physiologique : l'organisation et la destruction fonctionnelles. Elles se distinguent de toutes les façons par leur expression phénoménale, par leur nature

———

(1) Rapp. l'expression bouddhique : « Faire tourner la roue de la Loi. »

chimique, par leurs agents... Les phénomènes de la rénovation moléculaire présentent une grande différence avec les phénomènes de la destruction fonctionnelle. Ceux-ci se révèlent immédiatement à nous ; les signes en sont évidents, ils éclatent au dehors ; ils se traduisent d'une manière sensible par les manifestations vitales extérieures. Le processus formatif, au contraire, s'opérant dans le silence de la vie végétative, se dérobe aux regards ; les phénomènes de synthèse organisatrice restent tout intérieurs, n'ont presque d'expression qu'eux-mêmes et ne se révèlent que par l'organisation et la réparation de l'édifice vivant ; ils rassemblent d'une manière silencieuse et cachée les matériaux qui seront dépensés plus tard dans les manifestations bruyantes de la vie... Nous sommes donc les jouets d'une apparence trompeuse quand nous appelons phénomène de vie ce qui, au fond, n'est autre chose qu'un phénomène de mort et de destruction.

(Claude BERNARD.)

---

21. — *Qui doit s'unir directement à l'Esprit.*

Si tu m'élèves un *autel,* tu le feras de pierres non *taillées,* car ton ciseau le profanerait.

Tu ne monteras pas à mon autel par des *degrés.*

Tu ne te feras point d'*image taillée,* ni de *repré-sentation* quelconque.

Tu détruiras ces peuples ; tu brûleras au *feu* leurs *images taillées,* tu abattras leurs *idoles.*

(Exode et Deut.)

Mais l'heure vient, et elle est déjà venue, où les vrais adorateurs adoreront le Père en esprit et en vérité ; car ce sont là les adorateurs que le Père demande.

(Jésus).

Que votre âme ne se partage pas... Nul ne peut servir deux *maîtres...* Celui qui, ayant mis la main à la *charrue,* regarde *derrière soi,* n'est pas propre au royaume de Dieu.

(Jésus.)

Que votre âme ne se partage pas ; qu'elle soit toujours ferme, maîtresse d'elle-même. Les hommes qui suivent ma voie, sans préoccupation qui les en détourne, et me demeurent toujours unis, reçoivent de moi la félicité de l'union.

(Bouddhisme.)

Le cœur prend la forme de la chose vers laquelle il se tourne, et cette âme seule est pure, dans laquelle il ne reste plus ni désir, ni volonté propre ; alors elle a vaincu le monde, elle a rompu ses liens avec le corps, elle rentre dans son principe qui est l'Ame universelle ; ne voulant que lui, elle ne vit plus qu'en lui.

(Brahmanisme.)

L'Éternel, ton Dieu, est un Dieu jaloux.

(Deut., 4.)

Le feu brûlera continuellement sur l'autel, il ne s'éteindra point.

(Lév., 6.)

Ceux qui viennent à moi, disant : Seigneur, Seigneur, n'entreront pas tous dans mon royaume.

(Jésus.)

Le royaume de Dieu n'est pas ici ou là ; le royaume de Dieu est en vous.

(Jésus.)

————

22. — *L'alchimiste a dégagé l'or pur.*

tzrph (transcrit **zerpa**) : orfèvre, orfèvrerie, fondeur, etc., l'art de purger, de régénérer les métaux.

tzrphth (dialecte rabbinique : transcrit *zerpath*) :
la France ([^1]).

---

23. — *Langue d'unité.*

Toute la terre avait alors une seule langue et
les mêmes mots. Les hommes se dirent : Cons-
truisons une tour dont le sommet touche au ciel([^2])...
L'Éternel dit : *Descendons,* et confondons leur langage...

(Gen., 11.)

Je suis persuadé qu'un jour viendra où le phy-
siologiste, le poète et le philosophe parleront la
même langue et s'entendront tous.

(Claude BERNARD.)

NOTA. — Une langue d'unité, conjoignant les deux
éléments de la dualité, est un troisième terme où l'un
et l'autre se reconnaissent distinctement, et sans alliage
de l'un à l'autre. Il n'y a pas *fusion,* mais *juxtaposition*
des trois puissances .˙. ([^3]).

---

[^1]: Voir lexiques Buxtorf, Drach, etc. : **zerpath** *apud*
Rabbinos est Gallia, et **zerpathi** est Gallus.

[^2]: Édifices théologiques ou philosophiques construits de
pierres taillées. (Voir Développement 19).

[^3]: L'erreur commune sur ce point se manifeste dans

Il y aura une route d'*Égypte* en *Assyrie*... Et les Égyptiens avec les Assyriens serviront l'Éternel. En ce même temps *Israël* (la Parole) sera, *lui troisième,* uni à l'Égypte et à l'Assyrie. L'Éternel les bénira, disant : Bénis soient l'Égypte, mon peuple, et l'Assyrie, l'œuvre de mes mains, et Israël, mon héritage (¹).

(Isaïe, 19.)

*
* *

La Parole originelle « semblable à un *argent* sept fois épuré au creuset de la terre » est exprimée par la Langue originelle, aussi merveilleuse dans sa structure organique que le Verbe de la nature, vêtement de Dieu, aussi simple et aussi insondable, dans sa perfection, que la Pensée dont elle est l'in-

---

l'écrit suivant : « On entend de nouveau, et des côtés les plus différents, réclamer une synthèse. Or, il n'y a pas de synthèse véritable tant que la réunion est une simple juxtaposition. » (R. EUCKEN, *Les grands courants de la pensée contemporaine.*)

La synthèse, telle que l'entend cet auteur, au sens chimique de combinaison, serait la synthèse de deux fonctions inverses et complémentaires l'une de l'autre, la synthèse, par exemple, du cœur et des poumons.

En face de la Vérité géminée, la dispute du Moi naturel et du Moi spirituel se pacifie dans le Moi supérieur qui plane au-dessus de la Dualité, et observe ses conflits, dont l'acuité l'oppresse et le déchire.

(1) **mtzrim, ashor, ishral** : représentatifs des trois puissances de la trinité-unité.

terprète. La *Loi d'alliance* affirme aujourd'hui très manifestement et très positivement la vérité de ses statuts, au sens naturel, dans la puissance exercée, sur la planète entière, par la race qui en a été constituée gardienne, et, sous la direction occulte de celle-ci, par les peuples issus du sens spirituel. Mais son *or* n'est pas moins savamment caché que l'or métallique qui en est le symbole. Cherchez-moi... Cherchez la Vérité... Creusez des puits... Remontez à vos origines... ne cesse-t-elle de répéter; car cette recherche constante, vers laquelle convergent, plus ou moins obscurément, toutes les énergies des êtres, est la forme même de la vie qui aspire à la Vie.

C'est la *Loi* seule, — et ce mot doit être entendu au sens précis qui s'y attache en matière de biologie naturelle, à la seule condition d'attribuer une vie consciente aux cellules organiques — c'est la *Loi* seule qui apporte de cycle en cycle, en entr'ouvrant son triple voile par les mains de la divine Providence, l'apaisement de l'éternel conflit parvenu à sa phase aiguë.

La signification d'un *mot,* dans la Langue sacrée, tire sa raison nécessaire et suffisante de l'association des *signes* dont il est formé, chacun de ces signes étant doué lui-même d'un sens générique correspondant à l'une des catégories profondes et mystérieuses de l'esprit; ils ont ainsi leurs *racines* dans l'être même, et figurent en quelque sorte les fibres de son clavier psychique. Les aggrégats désignés, dans les langues dérivées, sous le nom de racines, sont déjà des mots, et expriment des idées générales beaucoup plus circonscrites.

En tant que langage, et dans les livres fondamentaux, la Parole sacrée n'exprime que des idées immanentes, et le mot qui les figure a été imposé comme nom, à l'origine, — c'est-à-dire à l'âge où l'homme était dirigé ouvertement par le Ciel, — aux choses qui sont l'illustration de ces idées dans les correspondances externes. Exclusivement appliquée aux lois de l'évolution et de la régénération de l'esprit de l'homme à travers les cycles successifs, elle puise ses formes d'enseignement dans le drame de la vie externe de l'homme et dans les symboles élémentaires de la Nature qu'il a sous les yeux.

Mais tandis que la science profonde que recouvrent les apparences naturelles est indéfiniment accessible au sens naturel ou instrumental, les arcanes que recouvrent les externes de la Loi sont inaccessibles au sens naturel, et leur révélation progressive appartient à Dieu seul, comme la création du sens purifié qui doit en percevoir la lumière. L'homme appelé à la régénération doit apprendre péniblement la discipline des lois de la Nature par son Moi tourné vers la Terre, avant d'être en état d'en comprendre l'enseignement interne par son Moi tourné vers le Ciel. Il trouve alors dans cet enseignement le repos de son âme, lorsque le moment est venu, selon les desseins providentiels,

« de rouler la grande *pierre* qui fermait l'ouverture du *puits* ».

(Gen., 29.)

---

24. — *Des vases d'or et des vases d'argent.*

Les « vases », comme les vêtements, sont les externes ou récipients organiques de la vie ; ici, du *bien* et du *vrai*. L'or et l'*argent* correspondent en général aux deux éléments de la dualité ; ici, à l'*amour* et à la *foi* étroitement unis comme **adm-ashh**, puisqu'ils sont nommés ensemble.

— Partez, partez, sortez de là. Ne touchez rien d'impur. Sortez du milieu d'elle. Purifiez-vous, vous qui portez *les vases de l'Éternel !* Ne partez pas en fuyant ! Car l'Éternel va devant vous. Et le Dieu d'Israël fermera votre marche.

(Isaïe, 52.)

NOTA. — La structure du nom générique des contenants, **cli**, emporte l'idée d'une synthèse, d'une universalité. L'important bilitère **cl**, qui exprime totalité au sens le plus abstrait, est composé de deux caractères placés au centre même de la série des vingt-deux signes alphabétiques : le signe **c** synthétise la rangée, à *droite* (¹), des dix

---

(1) Dans l'arrangement de droite à gauche.

premières lettres ; le signe l synthétise la seconde rangée de dix, placée à *gauche*. C'est encore la dualité sous un autre aspect.

L'idée de totalité incluse dans cl s'est conservée dans le grec *koilos*, creux, et *kleis* clef, ainsi que dans le latin *cœlum*, ciel, et *clavis*, clef. Des vestiges analogues se rencontrent d'ailleurs en grand nombre dans ces deux langues, à la condition de remonter à l'idée primitive et interne, dont l'acception des mots grecs et latins a pu conserver la trace sous les altérations survenues.

Les considérations qui se rattachent au sens interne du nombre 10, comme des nombres en général, sont étrangères à la présente explication.

« L'Éternel a fait toutes choses avec nombre et mesure. »

---

25. — *Au souvenir des angoisses de la fournaise.*

Tout homme sera *baptisé* de *feu* et d'*Esprit*.

Tout homme sera *salé* de *feu*. Le *sel* (¹) est une bonne chose, mais s'il perd sa force, avec quoi l'assaisonnera-t-on ? Il n'est bon ni pour la *terre*,

---

(1) Le *sel* (mlh) de la Loi (lhh), qui conserve à la Langue (lh) la sève de la vie (hïï), la saveur (hc) de la Sagesse (hcmh) enseignée par l'instruction (hnch). Le *sel* qui perpétue le souvenir de l'alliance hospitalière, et, dans la pluie des larmes, le souvenir de l'Alliance divine et de l'Arc dans la Nuée.

ni pour le *fumier*; on le jette *dehors*. Que celui qui a des oreilles pour entendre, entende.

(Jésus.)

Ressouvenez-vous de la douleur qui, autrefois, dans le cercle de la transmigration (régénération), a été longtemps éprouvée par vous.

(Bouddhisme.)

De même que la grande mer, ô disciples, n'est pénétrée que d'une seule saveur, la saveur du sel, de même aussi, ô disciples, cette doctrine et cet ordre ne sont pénétrés que d'une seule saveur, celle de la délivrance.

(Bouddhisme.)

Prends garde à toi, et veille attentivement sur ton âme, de peur que tu n'oublies les choses que tes *yeux* ont *vues*, et qu'elles ne sortent de ton *cœur*; enseigne-les à tes enfants et aux enfants de tes enfants (Deut. 4). Souviens-toi de tout le *chemin* que l'Éternel, ton Dieu, t'a fait faire pendant ces *quarante* années dans le *désert*... Garde-toi d'oublier... Prends garde que ton cœur ne s'enfle... Garde-toi de dire en ton cœur...

(Deut., 8.)

Souvenez-vous de ces choses, et soyez des Hommes.

(Isaïe, 46.)

Croyez-vous entrer dans le Paradis sans avoir éprouvé les maux qu'ont éprouvés ceux qui vous ont précédés? Les malheurs et les calamités les visitèrent; ils furent ballottés par l'adversité au point que le prophète, et ceux qui croyaient avec lui, s'écrièrent: Quand donc arrivera le secours de Dieu?

(MAHOMET.)

Les tribulations produisent la vie; le repos et les plaisirs engendrent la mort. Les hommes en possession de la vertu, de la sagesse, de la prudence et de l'intelligence ont généralement été formés dans les tribulations.

(*Sagesse de la Chine.*)

C'est par le péril et par la crainte qu'il inspire qu'on peut atteindre au calme et au repos; l'absence de difficultés conduit au laisser-aller qui amène à sa suite les catastrophes.

(*Sagesse de la Chine.*)

Il ne sait rien, l'homme qui n'a pas éprouvé l'impression cuisante des objets (des illusions externes); mais une fois qu'il l'a ressentie, il se dégoûte lui-même du monde, bien mieux que celui dont les desseins sont rompus par les êtres supérieurs.

(*Sagesse de l'Inde.*)

L'homme qui n'a jamais mangé un pain mouillé de larmes, l'homme qui n'a jamais passé des nuits sans sommeil et en pleurs, oh ! celui-là ne vous connaît pas, puissances du Ciel !

Puissances du Ciel ! vous qui nous faites entrer dans la vie ! vous nous laissez passer du malheur au crime, et alors vous nous abandonnez à la souffrance, afin que, sur cette terre, chaque crime ait son expiation.

(GOETHE.)

Tu fais l'homme, ô Douleur ! oui, l'homme tout entier,
Comme le creuset l'or, et la flamme l'acier,
Comme le grès, noirci des débris qu'il enlève,
En déchirant le fer, fait un tranchant au glaive.
Qui ne t'a pas connu ne sait rien d'ici-bas,
Il foule mollement la terre, il n'y vit pas ;
Comme sur un nuage il flotte sur la vie ;
Rien n'y marque pour lui la route en vain suivie ;
La sueur de son front n'y mouille pas sa main,
Son pied n'y heurte pas les cailloux du chemin ;
Il n'y sait pas, à l'heure où faiblissent ses armes,
Retremper ses vertus aux flots brûlants des larmes ;
Il n'y sait point combattre avec son propre cœur
Ce combat douloureux dont gémit le vainqueur,
Élever vers le ciel un cri qui le supplie,
S'affermir par l'effort sur son genou qui plie,
Et dans ses désespoirs, dont Dieu seul est témoin,
S'appuyer sur l'obstacle et s'élancer plus loin.

(LAMARTINE.)

Le Seigneur seul peut vaincre les enfers visibles et invisibles par ses incarnations dans le monde, et

en parcourant tous les degrés de l'Humain qu'il
unit au Divin par le sacrifice. Sans sa venue, le
genre humain périrait sous l'action continue du
Mal et du Faux, qui ne peuvent cesser d'agir.

(Enseignement de SWEDENBORG.)

... L'infini ne se voit que quand il revêt une
forme finie. Dieu ne se voit que dans ses incarnations.

(E. RENAN.)

... S'il est des être qui sont appelés dieux, soit
dans le ciel, soit sur la terre, comme il existe réellement plusieurs dieux et plusieurs seigneurs, néan-
moins pour nous il n'y a qu'un seul Dieu, le Père,
de qui viennent toutes choses et par qui nous
sommes, et un seul Seigneur, Jésus-Christ, par qui
sont toutes choses et par qui nous sommes.

(Paul : I, Corinth., 8.)

Dieu se tient dans l'assemblée du Très-Haut; il
juge au milieu des dieux (Ps. 82). Nul n'est comme
toi parmi les dieux, Seigneur, et rien ne ressemble
à tes œuvres (Ps. 86).

Venez à moi, vous tous qui êtes fatigués et qui
êtes chargés, et je donnerai du repos à vos âmes...
Mettez votre fardeau sur moi et renoncez à vous-

mêmes. Apprenez de moi que je suis doux et humble de cœur.

(Jésus.)

Que les péchés du monde entier retombent sur moi, afin que je puisse soulager la misère et les souffrances de l'humanité... Pourquoi riez-vous, insensés ? N'entendez-vous pas les gémissements de vos frères en souffrance ?

(Le Bouddha.)

... Mieux vaut le chagrin que le rire ; car avec un visage triste le cœur peut être content. Le cœur des sages est dans la maison de deuil, et le cœur des insensés dans la maison de joie. Mieux vaut entendre la réprimande du sage que d'entendre le chant des insensés. Car comme le bruit des épines (en feu) sous la chaudière, ainsi est le rire des insensés.

(Ecclésiaste, 7.)

Celui qui cherche la libération doit se comparer à un bœuf, qui, chargé de bagages, chemine au milieu d'un profond bourbier ; il n'ose regarder ni à droite, ni à gauche, espérant toujours sortir de la boue et parvenir au lieu de repos.

(Bouddhisme.)

Ce qu'on appelle aujourd'hui religion chrétienne existait chez les anciens et n'a jamais cessé d'exister

depuis l'origine du genre humain, jusqu'à ce que,
le Christ étant venu, l'on a commencé d'appeler
chrétienne la vraie religion qui existait déjà aupa-
ravant.

(St Augustin.)

... Ce qui a été, c'est ce qui sera, et ce qui s'est
fait, c'est ce qui se fera ; il n'y a rien de nouveau
sous le soleil. S'il est une chose dont on dise : Vois
ceci, c'est nouveau ! cette chose existait déjà dans
les siècles qui nous ont précédés. On ne se souvient
pas de ce qui est ancien ; et ce qui arrivera dans la
suite ne laissera pas de souvenir chez ceux qui
viendront plus tard.

(Ecclésiaste [qhlth], 1.)

Souvenez-vous de ces choses et soyez des *hommes* !
Pécheurs, rentrez en vous-mêmes ! Souvenez-vous
de ce qui s'est passé dès les temps anciens.

(Isaïe, 46.)

———

26. — *Il assujettira les énergies inférieures
devenues servantes.*

Rapprocher la loi générale applicable à la conquête pénible, par l'être, de ses facultés latentes,
de ses *terra incognita*, et à leur passage progressif
dans un apparent automatisme fonctionnel.

———

27. — *Une harmonieuse et féconde activité vitale.*

La volonté de mon Père est que mes disciples aient la *vie,* et qu'ils l'aient abondamment.
Ils étaient couchés çà et là comme des brebis qui n'ont plus de pasteur.

(Jésus.)

... Ces hommes, ô disciples, qui ne voient dans le Nirvana qu'un anéantissement, ne parviennent pas au Nirvana.

(Bouddhisme.)

---

28. — *Le Sabbat.*

shbth, le retour à la maison (**bth**).
L'aboutissement des *six jours* ✡ de la *création.*
Le **thaoh**, le terme, l'arrivée, la jonction.
Le Tao de la Chine (¹). Le Nirvana de l'Inde.

---

(1) « Celui qui a vu le Tao le matin peut mourir le soir. »

(Textes taoïstes.)

Hélas ! Ne vaudrait-il pas mieux pour lui mourir le soir que d'être séparé plus tard, — que de se séparer — pour être

Le haut pays représenté par la terre de Canaan
(**cnyn**).

Le royaume de Dieu.

La vie éternelle.

...Le pays dont *tu* vas entrer en possession n'est
pas comme le pays d'Égypte, d'où *vous* êtes sortis,
où *tu* jetais dans les champs *ta* semence et les ar-
rosais avec *ton pied*, comme un *jardin potager*. Le
pays que *vous* allez posséder est un pays de *mon-
tagnes* et de *vallées*, et qui boit les *eaux* de la *pluie*
du *ciel*. C'est un pays dont l'Éternel, *ton* Dieu,
prend soin, et sur lequel l'Éternel, ton Dieu, a
continuellement les yeux, du commencement à la
fin de l'*année*.

(Deut., 11.)

...Vous n'agirez point comme nous le faisons ici,
où chacun fait ce qui lui semble bon, parce que
vous n'êtes pas encore arrivés au *lieu de repos* et
dans l'*héritage* que l'Éternel, votre Dieu, vous
donne. Mais vous passerez le Jourdain (**irdn** =
puissance de règne) et vous habiterez le *pays* dont

« remis en terre, afin de naître de nouveau et rapporter du
fruit » ?

Celui-là seul peut comprendre l'écrit intime de Pascal :
« Grandeur de l'âme humaine. Père juste, le monde ne t'a
point connu, mais je t'ai connu. Joie, joie et pleurs de joie.
Je m'en suis séparé. Que je n'en sois pas séparé éternelle-
ment. Celle-là est la vie éternelle. »

l'Éternel, votre Dieu, vous mettra en possession ; il vous donnera du *repos*, après vous avoir délivré de tous vos *ennemis* qui vous *entourent*, et vous vous établirez en sécurité. Alors il y aura un lieu que l'Éternel choisira *pour y faire résider son nom.*

(Deut., 12.)

Quand il n'y a pas de révélation, le peuple est sans frein. Heureux s'il observe la Loi.

(Prov. Sal., 29.)

... Jusqu'à la Loi, le péché était dans le monde. Or le péché n'est pas imputé quand il n'y a point de loi.

(Paul : Romains, 5.)

La Terre sera remplie de la connaissance de l'Éternel.

(Isaïe, 11.)

Car Dieu a renfermé tous les hommes dans la désobéissance pour faire miséricorde à tous.

(Rom., 11).

O profondeur de la richesse, de la sagesse et de

la science de Dieu! Que ses jugements sont insondables, et ses voies incompréhensibles !... Qui lui a donné le premier, pour qu'il ait à recevoir en retour? C'est de lui, par lui et pour lui que sont toutes choses. A lui la gloire dans tous les siècles! *Amen.* (amn).

(Rom., 11.)

Manifestation externe de la LOI à l'heure présente.

___

Rapprocher : 1° l'action involutive universelle de la race d'Israël, enveloppant la terre entière de ses replis, comme le Léviathan de l'Écriture ([1]);

2° La puissance directrice des peuples issus du Cycle chrétien, fils de la *Loi*, et l'influence, plus occulte encore qu'apparente, de la race d'Israël sur leurs gouvernements;

3° L'état actuel du Cycle chrétien, au point de vue de l'action antagoniste des deux éternels jumeaux. [Pierre et Paul ; Catholicisme et Réforme ([2])].

___

([1]) En ce jour l'Éternel frappera de sa dure, grande et forte épée le Léviathan (loithn), serpent fuyard, le Léviathan, serpent tortueux, et il tuera le monstre qui est dans la MER.

(Isaïe, 26.)

([2]) Cf. dans Gen., 33, le colloque des deux jumeaux. — Ésaü et Jacob (ysho et iyqb), après de longues marches en apparence divergentes, se rencontrent et s'embrassent tendrement à l'approche du terme commun de leur voyage :

Ésaü dit : Partons, mettons-nous en route ; j'irai *devant* toi. *Jacob* répond : *Mon seigneur* sait que les enfants sont délicats, et que j'ai des brebis et des vaches qui allaitent; si l'on forçait leur marche un seul jour, tout le troupeau périrait. Que mon seigneur prenne les devants sur son serviteur; et moi je suivrai lentement, au pas du troupeau *qui me précédera*, et au pas des enfants, jusqu'à ce que j'arrive chez mon seigneur, à Séir (shyr).

___

TABLE DES MATIÈRES

IMPRIMERIE BERGER-LEVRAULT, NANCY-PARIS

www.ingramcontent.com/pod-product-compliance
Lightning Source LLC
Chambersburg PA
CBHW051742090426
42738CB00010B/2384